ŒUVRES COMPLÈTES

DE MOLIÈRE

ILLUSTRÉES

PAR JANET-LANGE.

LE MALADE IMAGINAIRE

COMÉDIE EN TROIS ACTES.

NOTICE

SUR

LE MALADE IMAGINAIRE.

Tout le monde se rappelle que ce fut pendant la représentation de cette pièce, le 17 février, que Molière, atteint depuis longtemps d'une hémoptysie, sentit les signes précurseurs d'une mort prochaine. Sa femme et Baron l'avaient conjuré de prendre du repos. « Que feraient, répondit-il, tant de pauvres ouvriers ? je me reprocherais d'avoir refusé un seul jour de leur donner du pain ! » Il persista à jouer, et exigea que l'on commençât à quatre heures précises. Après avoir soutenu péniblement son rôle, il se trouva mal, en prononçant le mot *Juro*, dans le divertissement du troisième acte, et il sortit de son théâtre pour la dernière fois.

Le *Malade imaginaire*, comédie-ballet en trois actes et en prose, fut représenté le vendredi 10 février 1673 sur le théâtre du Palais-Royal. La musique fut composée par Marc-Antoine Charpentier, artiste parisien

TOINETTE *lui mettant rudement un oreiller sur la tête.* — Et celui-ci pour vous garder du serein. (Act. I, sc. VII.)

qui avait longtemps étudié à Rome les maîtres italiens.

Le *Malade imaginaire* obtint un éclatant succès. La pièce, interrompue par la mort du comédien-auteur, fut reprise le 24 février, lorsque Lathorillière eut appris le rôle d'Argan, et à la fin du relâche d'une semaine qui avait été résolu en signe de deuil. Elle eut, jusqu'au 19 novembre, un nombre total de soixante-deux représentations, chiffre considérable par rapport à celui de la population qui fréquentait alors le théâtre. On la joua devant Louis XIV le 10 juillet 1674, au retour de la campagne pendant laquelle la Franche-Comté avait été conquise.

Molière avait déjà critiqué les médecins ; il s'en prit dans cette pièce à la médecine elle-même. C'est ce que lui reproche Charles Perrault dans ses *Hommes illustres*. « La comédie s'est toujours moquée des rodomonts et de leurs rodomontades, mais jamais elle n'a raillé ni les vrais braves ni la vraie bravoure. Elle s'est réjouie des pédants et de la pédanterie, mais jamais elle n'a blâmé ni les savants ni la science. Suivant cette règle, il n'a pu trop maltraiter les charlatans et les ignorants médecins; mais il devait en demeurer là et ne pas tourner en ridicule les bons médecins, que l'Ecriture nous enjoint d'honorer. »

Il est vrai que Béralde, dans la scène III de l'acte III, appelle l'art médical l'une des plus grandes folies qui soient parmi les hommes. Cette exagération tenait sans doute à la position exceptionnelle de Molière, qui souffrait d'une de ces maladies contre lesquelles la science est encore impuissante aujourd'hui, et qui pouvait, d'après sa propre expérience, croire que les docteurs aggravaient le mal au lieu de le guérir.

On s'accorde à trouver plaisante l'invention des noms de Purgon et de Diafoirus, et l'on serait tenté de croire que le nom de M. Fleurant est dû également à l'imagination de l'auteur. Il paraît que cet apothicaire était un personnage réel, demeurant à Lyon, rue Saint-Dominique, et que ses descendants existaient encore sous le Directoire au village de Genay près Neuville-sur-Saône.

Le latin macaronique de la réception d'Argan fut fabriqué en collaboration avec La Fontaine et Boileau, dans un souper chez madame de La Sablière. Les acteurs du Théâtre-Français, aux jours anniversaires de la naissance et de la mort de Molière, donnent un nouveau relief à la cérémonie, en défilant successivement devant les spectateurs.

Après la mort de Molière, sa troupe obtint une lettre de cachet, à la date du 7 janvier 1674, portant défense à tous autres comédiens de jouer le *Malade imaginaire*, tant que la pièce ne serait pas imprimée. Voulant profiter le plus longtemps possible de ce privilége, ils la gardèrent en portefeuille; et elle ne parut qu'en 1682, après plusieurs éditions subreptices, publiées à Cologne, à Amsterdam et même à Paris.

ÉMILE DE LA BÉDOLLIÈRE.

LE MALADE IMAGINAIRE.

PERSONNAGES DE LA COMÉDIE.

ARGAN, malade imaginaire.
BÉLINE, seconde femme d'Argan.
ANGÉLIQUE, fille d'Argan.
LOUISON, petite fille, sœur d'Angélique.
BÉRALDE, frère d'Argan.
CLÉANTE, amant d'Angélique.
M. DIAFOIRUS, médecin.
THOMAS DIAFOIRUS, fils de M. Diafoirus.
M. PURGON, médecin.
M. FLEURANT, apothicaire.
M. DE BONNEFOI, notaire.
TOINETTE, servante d'Argan.

PERSONNAGES DU PROLOGUE.

FLORE.
DEUX ZÉPHYRS dansants.
CLIMÈNE.
DAPHNÉ
TIRCIS, amant de Climène, chef d'une troupe de bergers.
DORILAS, amant de Daphné, chef d'une troupe de bergers.
BERGERS et BERGÈRES de la suite de Tircis chantants et dansants.
BERGERS et BERGÈRES de la suite de Dorilas chantants et dansants.
PAN.
FAUNES dansants.

PERSONNAGES DES INTERMÈDES.

DANS LE PREMIER ACTE.

POLICHINELLE.
UNE VIEILLE.
VIOLONS.
ARCHERS chantants et dansants.

DANS LE DEUXIÈME ACTE.

UNE ÉGYPTIENNE chantante.
UN ÉGYPTIEN chantant.
ÉGYPTIENS et ÉGYPTIENNES chantants et dansants.

DANS LE TROISIÈME ACTE.

TAPISSIERS dansants.
LE PRÉSIDENT de la Faculté de Médecine.
DOCTEURS.
ARGAN, bachelier.
APOTHICAIRES avec leurs mortiers et leurs pilons.
PORTE-SERINGUES.
CHIRURGIENS.

La scène est à Paris.

PROLOGUE.

Le théâtre représente un lieu champêtre.

SCÈNE I.

FLORE, DEUX ZÉPHYRS DANSANTS.

FLORE.
Quittez, quittez, vos troupeaux :
Venez, bergers; venez, bergères;
Accourez, accourez sous ces tendres ormeaux;
Je viens vous annoncer des nouvelles bien chères,
Et réjouir tous ces hameaux.
Quittez, quittez vos troupeaux :
Venez, bergers; venez, bergères;
Accourez, accourez, sous ces tendres ormeaux.

SCÈNE II.

FLORE, DEUX ZÉPHYRS DANSANTS, CLIMÈNE, DAPHNÉ, TIRCIS, DORILAS.

CLIMÈNE *à Tircis*, ET DAPHNÉ *à Dorilas.*
Berger, laissons là tes feux;
Voilà Flore qui nous appelle.

TIRCIS *à Climène*, ET DORILAS *à Daphné.*
Mais au moins dis-moi, cruelle,

TIRCIS. Si d'un peu d'amitié tu payeras mes vœux.

DORILAS. Si tu seras sensible à mon ardeur fidèle.

CLIMÈNE ET DAPHNÉ. Voilà Flore qui nous appelle.

TIRCIS ET DORILAS. Ce n'est qu'un mot, un mot, un seul mot que je veux.

TIRCIS. Languirai-je toujours dans ma peine mortelle?

DORILAS. Puis-je espérer qu'un jour tu me rendras heureux?

CLIMÈNE ET DAPHNÉ. Voilà Flore qui nous appelle.

SCÈNE III.

FLORE, DEUX ZÉPHYRS DANSANTS, CLIMÈNE, DAPHNÉ, TIRCIS, DORILAS, BERGERS ET BERGÈRES *de la suite de Tircis et de Dorilas*, CHANTANTS ET DANSANTS.

PREMIÈRE ENTRÉE DE BALLET.

Les bergers et les bergères vont se placer en cadence autour de Flore.

CLIMÈNE.
Quelle nouvelle parmi nous,
Déesse, doit jeter tant de réjouissance?

DAPHNÉ.
Nous brûlons d'apprendre de vous
Cette nouvelle d'importance.

DORILAS.
D'ardeur nous en soupirons tous.

CLIMÈNE, DAPHNÉ, TIRCIS, DORILAS.
Nous en mourons d'impatience.

FLORE.
La voici : silence, silence,
Vos vœux sont exaucés, Louis est de retour;
Il ramène en ces lieux les plaisirs et l'amour,
Et vous voyez finir vos mortelles alarmes.
Par ses vastes exploits son bras voit tout soumis;
Il quitte les armes
Faute d'ennemis.

CHŒUR.
Ah! quelle douce nouvelle!
Qu'elle est grande! qu'elle est belle!
Que de plaisirs! que de ris! que de jeux!
Que de succès heureux!
Et que le ciel a bien rempli nos vœux!
Ah! quelle douce nouvelle!
Qu'elle est grande! qu'elle est belle!

DEUXIÈME ENTRÉE DE BALLET.

Les bergers et les bergères expriment par leurs danses les transports de leur joie.

FLORE. De vos flûtes bocagères
Réveillez les plus beaux sons;
Louis offre à vos chansons
La plus belle des matières.
Après cent combats
Où cueille son bras
Une ample victoire,
Formez entre vous
Cent combats plus doux
Pour chanter sa gloire.

CHOEUR. Formons entre nous
Cents combats plus doux
Pour chanter sa gloire.

FLORE. Mon jeune amant, dans ce bois,
Des présents de mon empire
Prépare un prix à la voix
Qui saura le mieux nous dire
Les vertus et les exploits
Du plus auguste des rois.

CLIMÈNE. Si Tircis a l'avantage,

DAPHNÉ. Si Dorilas est vainqueur,

CLIMÈNE. A le chérir je m'engage.

DAPHNÉ. Je me donne à son ardeur.

TIRCIS. O trop chère espérance!

DORILAS. O mot plein de douceur!

TIRCIS ET DORILAS. Plus beau sujet, plus belle récompense,
Peuvent-ils animer un cœur?

Tandis que les violons jouent un air pour animer les deux bergers au combat, Flore, comme juge, va se placer au pied d'un arbre qui est au milieu du théâtre : les deux troupes de bergers et de bergères se placent chacune du côté de leur chef.

TIRCIS. Quand la neige fondue enfle un torrent fameux,
Contre l'effort soudain de ses flots écumeux
Il n'est rien d'assez solide;
Digues, châteaux, villes et bois,
Hommes et troupeaux à la fois,
Tout cède au courant qui le guide :
Tel, et plus fier et plus rapide,
Marche Louis dans ses exploits.

TROISIÈME ENTRÉE DE BALLET.

Les bergers et les bergères de la suite de Tircis dansent autour de lui pour exprimer leurs applaudissements.

DORILAS. Le foudre menaçant qui perce avec fureur
L'affreuse obscurité de la nue enflammée
Fait d'épouvante et d'horreur
Trembler le plus ferme cœur :
Mais, à la tête d'une armée,
Louis jette plus de terreur.

QUATRIÈME ENTRÉE DE BALLET.

Les bergers et les bergères de la suite de Dorilas applaudissent à ses chants en dansant autour de lui.

TIRCIS. Des fabuleux exploits que la Grèce a chantés,
Par un brillant amas de belles vérités,
Nous voyons la gloire effacée;
Et tous ces fameux demi-dieux
Que vante l'histoire passée
Ne sont point à notre pensée
Ce que Louis est à nos yeux.

CINQUIÈME ENTRÉE DE BALLET.

Les bergers et les bergères du côté de Tircis recommencent leurs danses.

DORILAS. Louis fait à nos temps, par ses faits inouïs,
Croire tous les beaux faits que nous chante l'histoire
Des siècles évanouis;
Mais nos neveux, dans leur gloire,
N'auront rien qui fasse croire
Tous les beaux faits de Louis.

SIXIÈME ENTRÉE DE BALLET.

Les bergers et les bergères du côté de Dorilas recommencent aussi leurs danses.

SEPTIÈME ENTRÉE DE BALLET.

Les bergers et les bergères de la suite de Tircis et de Dorilas se mêlent et dansent ensemble.

SCENE IV.

FLORE, PAN, DEUX ZÉPHYRS DANSANTS, CLIMÈNE, DAPHNÉ, TIRCIS, DORILAS, FAUNES DANSANTS, BERGERS ET BERGÈRES CHANTANTS ET DANSANTS.

PAN. Laissez, laissez, bergers, ce dessein téméraire.
Hé! que voulez-vous faire?
Chanter sur vos chalumeaux
Ce qu'Apollon sur sa lyre,
Avec ses chants les plus beaux,
N'entreprendrait pas de dire?
C'est donner trop d'essor au feu qui vous inspire;
C'est monter vers les cieux sur des ailes de cire,
Pour tomber dans le fond des eaux.
Pour chanter de Louis l'intrépide courage
Il n'est point d'assez docte voix,
Point de mots assez grands pour en tracer l'image.
Le silence est le langage
Qui doit louer ses exploits.
Consacrez d'autres soins à sa pleine victoire;
Vos louanges n'ont rien qui flatte ses désirs,
Laissez, laissez là sa gloire,
Ne songez qu'à ses plaisirs.

CHOEUR. Laissons, laissons là sa gloire,
Ne songeons qu'à ses plaisirs.

FLORE *à Tircis et à Dorilas.* Bien que pour étaler ses vertus immortelles
La force manque à vos esprits,
Ne laissez pas tous deux de recevoir le prix.
Dans les choses grandes et belles,
Il suffit d'avoir entrepris.

HUITIÈME ENTRÉE DE BALLET.

Les deux Zéphyrs dansent avec deux couronnes de fleurs à la main, qu'ils viennent donner ensuite à Tircis et à Dorilas.

CLIMÈNE ET DAPHNÉ *donnant la main à leurs amants.*
Dans les choses grandes et belles,
Il suffit d'avoir entrepris.

TIRCIS ET DORILAS. Ah! que d'un doux succès notre audace est suivie!

FLORE ET PAN. Ce qu'on fait pour Louis on ne le perd jamais.

CLIMÈNE, DAPHNÉ, TIRCIS, DORILAS.
Au soin de ses plaisirs donnons-nous désormais.

FLORE ET PAN. Heureux, heureux qui peut lui consacrer sa vie!

CHOEUR. Joignons tous dans ces bois
Nos flûtes et nos voix,
Ce jour nous y convie;
Et faisons aux échos redire mille fois :
Louis est le plus grand des rois;
Heureux, heureux qui peut lui consacrer sa vie!

NEUVIÈME ET DERNIÈRE ENTRÉE DE BALLET.

Les Faunes, les bergers et les bergères se mêlent ensemble : il se fait entre eux des jeux de danse; après quoi ils se vont préparer pour la comédie.

AUTRE PROLOGUE.

UNE BERGÈRE CHANTANTE.

Votre plus haut savoir n'est que pure chimère,
Vains et peu sages médecins;
Vous ne pouvez guérir par vos grands mots latins
La douleur qui me désespère.
Votre plus haut savoir n'est que pure chimère.
Hélas! hélas! je n'ose découvrir
Mon amoureux martyre
Au berger pour qui je soupire,
Et qui seul peut me secourir.
Ne prétendez pas le finir,
Ignorants médecins, vous ne sauriez le faire :
Votre plus haut savoir n'est que pure chimère.
Ces remèdes peu sûrs, dont le simple vulgaire
Croit que vous connaissez l'admirable vertu,
Pour les maux que je sens n'ont rien de salutaire;
Et tout votre caquet ne peut être reçu
Que d'un malade imaginaire.
Votre plus haut savoir n'est que pure chimère.

ACTE PREMIER.

Le théâtre représente la chambre d'Argan.

SCÈNE I.

ARGAN *assis, ayant une table devant lui, comptant avec des jetons les parties de son apothicaire.*

Trois et deux font cinq, et cinq font dix, et dix font vingt. Trois et deux font cinq. *Plus, du vingt-quatrième, un petit clystère insinuatif, préparatif et rémollient, pour amollir, humecter et rafraîchir les entrailles de monsieur...* Ce qui me plaît de M. Fleurant, mon apothicaire, c'est que ses parties sont toujours fort civiles. *Les entrailles de monsieur, trente sous.* Oui : mais, monsieur Fleurant, ce n'est pas tout que d'être civil, il faut être aussi raisonnable, et ne pas écorcher les malades. Trente sous un lavement! Je suis votre serviteur, je vous l'ai déjà dit; vous ne me les avez mis dans les autres parties qu'à vingt sous, et vingt sous en langage d'apothicaire c'est-à-dire dix sous. Les voilà, dix sous. *Plus, dudit jour, un bon clystère détersif, composé avec catholicon double, rhubarbe, miel rosat, et autres, suivant l'ordonnance, pour balayer, laver et nettoyer le bas-ventre de monsieur, trente sous.* Avec votre permission, dix sous. *Plus, dudit jour, le soir, un julep hépatique, soporatif, somnifère, composé pour faire dormir monsieur, trente-cinq sous.* Je ne me plains pas de celui-là, car il me fit bien dormir. Dix, quinze, seize et dix-sept sous six deniers. *Plus, du vingt-cinquième, une bonne médecine purgative et corroborative, composée de casse récente avec séné levantin, et autres, suivant l'ordonnance de monsieur Purgon, pour expulser et évacuer la bile de monsieur, quatre livres.* Ah! monsieur Fleurant, c'est se moquer; il faut vivre avec les malades. Monsieur Purgon ne vous a pas ordonné de mettre quatre francs : mettez, mettez trois livres, s'il vous plaît. Vingt et trente sous. *Plus, dudit jour, une potion anodine et astringente pour faire reposer monsieur, trente sous.* Bon, dix et quinze sous. *Plus, du vingt-sixième, un clystère carminatif pour chasser les vents de monsieur, trente sous.* Dix sous, monsieur Fleurant. *Plus, le clystère de monsieur, réitéré le soir, comme dessus, trente sous.* Monsieur Fleurant, dix sous. *Plus, du vingt-septième, une bonne médecine, composée pour hâter d'aller, et chasser dehors les mauvaises humeurs de monsieur, trois livres.* Bon, vingt et trente sous; je suis bien aise que vous soyez raisonnable. *Plus, du vingt-huitième, une prise de petit-lait clarifié et édulcoré, pour adoucir, lénifier, tempérer et rafraîchir le sang de monsieur, vingt sous.* Bon, dix sous. *Plus, une potion cordiale et préservative, composée avec douze grains de bézoard, sirop de limon et grenade, et autres, suivant l'ordonnance, cinq livres.* Ah! monsieur Fleurant, tout doux, s'il vous plaît; si vous en usez comme cela, on ne voudra plus être malade : contentez-vous de quatre francs. Et vingt et quarante sous. Trois et deux font cinq, et cinq font dix, et dix font vingt. Soixante et trois livres quatre sous six deniers. Si bien donc que, de ce mois, j'ai pris une, deux, trois, quatre, cinq, six, sept, huit médecines; et un, deux, trois, quatre, cinq, six, sept, huit, neuf, dix, onze et douze lavements : et l'autre mois il y avait douze médecines et vingt lavements. Je ne m'étonne pas, si je ne me porte pas si bien ce mois-ci que l'autre. Je le dirai à monsieur Purgon, afin qu'il mette ordre à cela. Allons, qu'on m'ôte tout ceci. (*Voyant que personne ne vient, et qu'il n'y a aucun de ses gens dans sa chambre.*) Il n'y a personne? J'ai beau dire, on me laisse toujours seul; il n'y a pas moyen de les arrêter ici. (*Après avoir sonné une sonnette qui est sur sa table.*) Ils n'entendent point, et ma sonnette ne fait pas assez de bruit. (*Après avoir sonné pour la deuxième fois.*) Point d'affaire. (*Après avoir sonné encore.*) Ils sont sourds. Toinette! (*Après avoir fait le plus de bruit qu'il peut avec sa sonnette.*) Tout comme si je ne sonnais point. Chienne! coquine! (*Voyant qu'il sonne encore inutilement.*) J'enrage. Drelin, drelin, drelin. Carogne, à tous les diables! Est-il possible qu'on laisse comme cela un pauvre malade tout seul? Drelin, drelin, drelin. Voilà qui est pitoyable! Drelin, drelin, drelin. Ah! mon Dieu! Ils me laisseront ici mourir. Drelin, drelin, drelin.

SCÈNE II.

ARGAN, TOINETTE.

TOINETTE *en entrant.* — On y va.

ARGAN. — Ah! chienne! ah! carogne!...

TOINETTE *faisant semblant de s'être cogné la tête.* — Diantre soit de votre impatience! Vous pressez si fort les personnes, que je me suis donné un grand coup à la tête contre la carne d'un volet.

ARGAN *en colère.* — Ah! traîtresse!

TOINETTE *interrompant Argan.* — Ah!

ARGAN. — Il y a...

TOINETTE. — Ah!

ARGAN. — Il y a une heure...

TOINETTE. — Ah!

ARGAN. — Tu m'as laissé...

TOINETTE. — Ah!

ARGAN. — Tais-toi donc, coquine, que je te querelle.

TOINETTE. — Çà-mon, ma foi, j'en suis d'avis, après ce que je me suis fait.

ARGAN. — Tu m'as fait égosiller, carogne!

TOINETTE. — Et vous m'avez fait, vous, casser la tête. L'un vaut bien l'autre : quitte à quitte, si vous voulez.

ARGAN. — Quoi! coquine!...

TOINETTE. — Si vous querellez, je pleurerai.

ARGAN. — Me laisser, traîtresse!

TOINETTE *interrompant encore Argan.* — Ah!

ARGAN. — Chienne, tu veux...

TOINETTE. — Ah!

ARGAN. — Quoi! il faudra encore que je n'aie pas le plaisir de la quereller!

TOINETTE. — Querellez tout votre soûl, je le veux bien.

ARGAN. — Tu m'en empêches, chienne, en m'interrompant à tout coup.

TOINETTE. — Si vous avez le plaisir de quereller, il faut bien que de mon côté j'aie le plaisir de pleurer : chacun le sien, ce n'est pas trop. Ah!

ARGAN. — Allons, il faut en passer par là. Ote-moi ceci, coquine, ôte-moi ceci. (*Après s'être levé.*) Mon lavement d'aujourd'hui a-t-il bien opéré?

TOINETTE. — Votre lavement?

ARGAN. — Oui. Ai-je bien fait de la bile?

TOINETTE. — Ma foi, je ne me mêle point de ces affaires-là. C'est à monsieur Fleurant à y mettre le nez, puisqu'il en a le profit.

ARGAN. — Qu'on ait soin de me tenir un bouillon prêt, pour l'autre que je dois tantôt prendre.

TOINETTE. — Ce monsieur Fleurant-là et ce monsieur Purgon s'égayent bien sur votre corps : ils ont en vous une bonne vache à lait : et je voudrais bien leur demander quel mal vous avez pour faire tant de remèdes.

ARGAN. — Taisez-vous, ignorante; ce n'est pas à vous à contrôler les ordonnances de la médecine. Qu'on me fasse venir ma fille Angélique, j'ai à lui dire quelque chose.

TOINETTE. — La voici qui vient d'elle-même, elle a deviné votre pensée.

SCÈNE III.

ARGAN, ANGÉLIQUE, TOINETTE.

ARGAN. — Approchez, Angélique; vous venez à propos, je voulais vous parler.

ANGÉLIQUE. — Me voilà prête à vous ouïr.

ARGAN. — Attendez. (*A Toinette.*) Donnez-moi mon bâton, je vais revenir tout à l'heure.

TOINETTE. — Allez vite, monsieur, allez. Monsieur Fleurant nous donne des affaires.

SCÈNE IV.

ANGÉLIQUE, TOINETTE.

ANGÉLIQUE. — Toinette!

TOINETTE. — Quoi?

ANGÉLIQUE. — Regarde-moi un peu.

TOINETTE. — Hé bien! je vous regarde.

ANGÉLIQUE. — Toinette!

TOINETTE. — Hé bien! quoi Toinette?

ANGÉLIQUE. — Ne devines-tu point de quoi je veux parler?

TOINETTE. — Je m'en doute assez : de notre jeune amant; car c'est sur lui, depuis six jours, que roulent tous nos entretiens; et vous n'êtes point bien, si vous n'en parlez à toute heure.

ANGÉLIQUE. — Puisque tu connais cela, que n'es-tu donc la première à m'en entretenir? et que ne m'épargnes-tu la peine de te jeter sur ce discours?

TOINETTE. — Vous ne m'en donnez pas le temps; et vous avez des soins, là-dessus, qu'il est difficile de prévenir.

ANGÉLIQUE. — Je t'avoue que je ne saurais me lasser de te parler de lui, et que mon cœur profite avec chaleur de tous les moments de s'ouvrir à toi. Mais, dis-moi, condamnes-tu, Toinette, les sentiments que j'ai pour lui?

TOINETTE. — Je n'ai garde.

ANGÉLIQUE. — Ai-je tort de m'abandonner à ces douces impressions?

TOINETTE. — Je ne dis pas cela.

ANGÉLIQUE. — Et voudrais-tu que je fusse insensible aux tendres protestations de cette passion ardente qu'il témoigne pour moi?

TOINETTE. — A Dieu ne plaise!

ANGÉLIQUE. — Dis-moi un peu; ne trouves-tu pas, comme moi, quelque chose du ciel, quelque effet du destin, dans l'aventure inopinée de notre connaissance?

TOINETTE. — Oui.

ANGÉLIQUE. — Ne trouves-tu pas que cette action d'embrasser ma défense sans me connaître est tout à fait d'un honnête homme?

TOINETTE. — Oui.

ANGÉLIQUE. — Que l'on ne peut pas en user plus généreusement?

TOINETTE. — D'accord.

ANGÉLIQUE. — Et qu'il fit tout cela de la meilleure grâce du monde?

TOINETTE. — Oh! oui.

ANGÉLIQUE. — Ne trouves-tu pas, Toinette, qu'il est bien fait de sa personne?

TOINETTE. — Assurément.

ANGÉLIQUE. — Qu'il a le meilleur air du monde?

TOINETTE. — Sans doute.

ANGÉLIQUE. — Que ses discours, comme ses actions, ont quelque chose de noble?

TOINETTE. — Cela est sûr.

ANGÉLIQUE. — Qu'on ne peut rien entendre de plus passionné que tout ce qu'il me dit?

TOINETTE. — Il est vrai.

ANGÉLIQUE. — Et qu'il n'est rien de plus fâcheux que la contrainte où l'on me tient, qui bouche tout commerce aux doux empressements de cette mutuelle ardeur que le ciel nous inspire?

TOINETTE. — Vous avez raison.

ANGÉLIQUE. — Mais, ma pauvre Toinette, crois-tu qu'il m'aime autant qu'il me le dit?

TOINETTE. — Hé! hé! ces choses-là, parfois, sont un peu sujettes à caution. Les grimaces d'amour ressemblent fort à la vérité; et j'ai vu de grands comédiens là-dessus.

ANGÉLIQUE. — Ah! Toinette, que dis-tu là? Hélas! de la façon qu'il parle, serait-il bien possible qu'il ne me dît pas vrai?

TOINETTE. — En tout cas, vous en serez bientôt éclaircie; et la résolution où il vous écrivit hier qu'il était de vous faire demander en mariage est une prompte voie à vous faire connaître s'il vous dit vrai ou non. C'en sera la bonne preuve.

ANGÉLIQUE. — Ah! Toinette, si celui-là me trompe, je ne croirai de ma vie aucun homme.

TOINETTE. — Voilà votre père qui revient.

SCÈNE V.

ARGAN, ANGÉLIQUE, TOINETTE.

ARGAN. — Or çà, ma fille, je vais vous dire une nouvelle où peut-être ne vous attendez-vous pas. On vous demande en mariage... Qu'est-ce que cela? vous riez? Cela est plaisant, oui, ce mot de mariage; il n'est rien de plus drôle pour les jeunes filles. Ah! nature! nature! A ce que je puis voir, ma fille, je n'ai que faire de vous demander si vous voulez bien vous marier.

ANGÉLIQUE. — Je dois faire, mon père, tout ce qu'il vous plaira de m'ordonner.

ARGAN. — Je suis bien aise d'avoir une fille si obéissante : la chose est donc conclue, et je vous ai promise.

ANGÉLIQUE. — C'est à moi, mon père, de suivre aveuglément toutes vos volontés.

ARGAN. — Ma femme, votre belle-mère, avait envie que je vous fisse religieuse, et votre petite sœur Louison aussi; et, de tout temps, elle a été aheurtée à cela.

TOINETTE *à part.* — La bonne bête a ses raisons.

ARGAN. — Elle ne voulait point consentir à ce mariage; mais je l'ai emporté, et ma parole est donnée.

ANGÉLIQUE. — Ah! mon père, que je vous suis obligée de toutes vos bontés!

TOINETTE *à Argan.* — En vérité, je vous sais bon gré de cela; et voilà l'action la plus sage que vous ayez faite de votre vie.

ARGAN. — Je n'ai point encore vu la personne; mais on m'a dit que j'en serais content, et toi aussi.

ANGÉLIQUE. — Assurément, mon père.

ARGAN. — Comment! l'as-tu vu?

ANGÉLIQUE. — Puisque votre consentement m'autorise à vous pouvoir ouvrir mon cœur, je ne feindrai point de vous dire que le hasard nous a fait connaître il y a six jours, et que la demande qu'on vous a faite est un effet de l'inclination que, dès cette première vue, nous avons prise l'un pour l'autre.

ARGAN. — Ils ne m'ont pas dit cela; mais j'en suis bien aise, et c'est tant mieux que les choses soient de la sorte. Ils disent que c'est un grand jeune garçon bien fait.

ANGÉLIQUE. — Oui, mon père.

ARGAN. — De belle taille.

ANGÉLIQUE. — Sans doute.

ARGAN. — Agréable de sa personne.

ANGÉLIQUE. — Assurément.

ARGAN. — De bonne physionomie.

ANGÉLIQUE. — Très-bonne.

ARGAN. — Sage et bien né.

ANGÉLIQUE. — Tout à fait.

ARGAN. — Fort honnête.

ANGÉLIQUE. — Le plus honnête du monde.

ARGAN. — Qui parle bien latin et grec.

ANGÉLIQUE. — C'est ce que je ne sais pas.

ARGAN. — Et qui sera reçu médecin dans trois jours.

ANGÉLIQUE. — Lui, mon père?

ARGAN. — Oui. Est-ce qu'il ne te l'a pas dit?

ANGÉLIQUE. — Non vraiment. Qui vous l'a dit, à vous?

ARGAN. — Monsieur Purgon.

ANGÉLIQUE. — Est-ce que monsieur Purgon le connaît?

ARGAN. — La belle demande! Il faut bien qu'il le connaisse, puisque c'est son neveu.

ANGÉLIQUE. — Cléante, neveu de monsieur Purgon?

ARGAN. — Quel Cléante? Nous parlons de celui pour qui l'on t'a demandée en mariage.

ANGÉLIQUE. — Hé! oui.

ARGAN. — Hé bien! c'est le neveu de monsieur Purgon, qui est le fils de son beau-frère le médecin, monsieur Diafoirus; et ce fils s'appelle Thomas Diafoirus, et non pas Cléante. Nous avons conclu ce mariage-là ce matin, monsieur Purgon, monsieur Fleurant et moi; et demain ce gendre prétendu me doit être amené par son père..... Qu'est-ce? vous voilà tout ébaubie!

ANGÉLIQUE. — C'est, mon père, que je connais que vous avez parlé d'une personne, et que j'ai entendu une autre.

TOINETTE. — Quoi! monsieur, vous auriez fait ce dessein burlesque? et, avec tout le bien que vous avez, vous voudriez marier votre fille avec un médecin?

ARGAN. — Oui. De quoi te mêles-tu, coquine, impudente que tu es?

TOINETTE. — Mon Dieu! tout doux. Vous allez d'abord aux invectives. Est-ce que nous ne pouvons pas raisonner ensemble sans nous emporter? La, parlons de sang-froid. Quelle est votre raison, s'il vous plaît, pour un tel mariage?

ARGAN. — Ma raison est que, me voyant infirme et malade comme je suis, je veux me faire un gendre et des alliés médecins, afin de m'appuyer de bons secours contre ma maladie, d'avoir dans ma famille les sources des remèdes qui me sont nécessaires, et d'être à même des consultations et des ordonnances.

TOINETTE. — Hé bien! voilà dire une raison; et il y a plaisir à se répondre doucement les uns aux autres. Mais, monsieur, mettez la main à la conscience : est-ce que vous êtes malade?

ARGAN. — Comment, coquine! si je suis malade! si je suis malade, impudente!

TOINETTE. — Hé bien! oui, monsieur, vous êtes malade, n'ayons point de querelle là-dessus. Oui, vous êtes fort malade, j'en demeure d'accord, et plus malade que vous ne pensez; voilà qui est fait. Mais votre fille doit épouser un mari pour elle; et, n'étant point malade, il n'est pas nécessaire de lui donner un médecin.

ARGAN. — C'est pour moi que je lui donne ce médecin; et une fille de bon naturel doit être ravie d'épouser ce qui est utile à la santé de son père.

TOINETTE. — Ma foi, monsieur, voulez-vous qu'en amie je vous donne un conseil?

ARGAN. — Quel est-il, ce conseil?

TOINETTE. — De ne point songer à ce mariage-là.

ARGAN. — Et la raison?

TOINETTE. — La raison, c'est que votre fille n'y consentira point.

ARGAN. — Elle n'y consentira point?

TOINETTE. — Non.

ARGAN. — Ma fille?

TOINETTE. — Votre fille. Elle vous dira qu'elle n'a que faire de monsieur Diafoirus, ni de son fils Thomas Diafoirus, ni de tous les Diafoirus du monde.

ARGAN. — J'en ai affaire, moi, outre que le parti est plus avantageux qu'on ne pense : monsieur Diafoirus n'a que ce fils-là pour tout héritier; et, de plus, monsieur Purgon, qui n'a ni femme ni enfants, lui donne tout son bien en faveur de ce mariage; et monsieur Purgon est un homme qui a huit mille livres de rente.

TOINETTE. — Il faut qu'il ait tué bien des gens, pour s'être fait si riche.

ARGAN. — Huit mille livres de rente sont quelque chose, sans compter le bien du père.

TOINETTE. — Monsieur, tout cela est bel et bon : mais j'en reviens toujours là; je vous conseille, entre nous, de lui choisir un autre mari, et elle n'est point faite pour être madame Diafoirus.

ARGAN. — Et je veux, moi, que cela soit.

TOINETTE. — Hé! fi! ne dites pas cela.

ARGAN. — Comment! que je ne dise pas cela?

TOINETTE. — Hé! non.

ARGAN. — Et pourquoi ne le dirais-je pas?

TOINETTE. — On dira que vous ne songez pas à ce que vous dites.

ARGAN. — On dira ce qu'on voudra; mais je vous dis que je veux qu'elle exécute la parole que j'ai donnée.

TOINETTE. — Non, je suis sûre qu'elle ne le fera pas.

ARGAN. — Je l'y forcerai bien.

TOINETTE. — Elle ne le fera pas, vous dis-je.

ARGAN. — Elle le fera, ou je la mettrai dans un couvent.

TOINETTE. — Vous?

ARGAN. — Moi.

TOINETTE. — Bon!

ARGAN. — Comment, bon?

TOINETTE. — Vous ne la mettrez point dans un couvent.

ARGAN. — Je ne la mettrai point dans un couvent?

TOINETTE. — Non.

ARGAN. — Non?

TOINETTE. — Non.

ARGAN. — Ouais! voici qui est plaisant. Je ne mettrai pas ma fille dans un couvent, si je veux?

TOINETTE. — Non, vous dis-je.
ARGAN. — Qui m'en empêchera?
TOINETTE. — Vous-même.
ARGAN. — Moi?
TOINETTE. — Oui, vous n'aurez pas ce cœur-là.
ARGAN. — Je l'aurai.
TOINETTE. — Vous vous moquez.
ARGAN. — Je ne me moque point.
TOINETTE. — La tendresse paternelle vous prendra.
ARGAN. — Elle ne me prendra point.
TOINETTE. — Une petite larme ou deux; des bras jetés au cou; ou Mon petit papa mignon, prononcé tendrement, sera assez pour vous toucher.
ARGAN. — Tout cela ne fera rien.
TOINETTE. — Oui, oui.
ARGAN. — Je vous dis que je n'en démordrai point.
TOINETTE. — Bagatelles.
ARGAN. — Il ne faut point dire : Bagatelles.
TOINETTE. — Mon Dieu! je vous connais, vous êtes bon naturellement.
ARGAN *avec emportement.* — Je ne suis point bon, et je suis méchant quand je veux.
TOINETTE. — Doucement, monsieur; vous ne songez pas que vous êtes malade.
ARGAN. — Je lui commande absolument de se préparer à prendre le mari que je dis.
TOINETTE. — Et moi, je lui défends absolument d'en faire rien.
ARGAN. — Où est-ce donc que nous sommes? Et quelle audace est-ce là à une coquine de servante de parler de la sorte devant son maître?
TOINETTE. — Quand un maître ne songe pas à ce qu'il fait, une servante bien sensée est en droit de le redresser.
ARGAN *courant après Toinette.* — Ah! insolente, il faut que je t'assomme.
TOINETTE *évitant Argan, et mettant la chaise entre elle et lui.* — Il est de mon devoir de m'opposer aux choses qui vous peuvent déshonorer.
ARGAN *courant après Toinette autour de la chaise avec son bâton.* — Viens, viens, que je t'apprenne à parler!
TOINETTE *se sauvant du côté où n'est point Argan.* — Je m'intéresse, comme je dois, à ne vous point laisser faire de folie.
ARGAN *de même.* — Chienne!
TOINETTE *de même.* — Non, je ne consentirai jamais à ce mariage.
ARGAN *de même.* — Pendarde!
TOINETTE *de même.* — Je ne veux point qu'elle épouse votre Thomas Diafoirus.
ARGAN *de même.* — Carogne!
TOINETTE *de même.* — Elle m'obéira plutôt qu'à vous.
ARGAN *s'arrêtant.* — Angélique, tu ne veux point m'arrêter cette coquine-là?
ANGÉLIQUE. — Hé! mon père, ne vous faites point malade.
ARGAN *à Angélique.* — Si tu ne me l'arrêtes, je te donnerai ma malédiction.
TOINETTE *en s'en allant.* — Et moi, je la déshériterai si elle vous obéit.
ARGAN *se jetant dans sa chaise.* — Ah! ah! je n'en puis plus. Voilà pour me faire mourir.

SCENE VI.

BÉLINE, ARGAN.

ARGAN. — Ah! ma femme, approchez.
BÉLINE. — Qu'avez-vous, mon pauvre mari?
ARGAN. — Venez-vous-en ici à mon secours.
BÉLINE. — Qu'est-ce que c'est donc qu'il y a, mon petit fils?
ARGAN — M'amie!
BÉLINE. — Mon ami!
ARGAN. — On vient de me mettre en colère.
BÉLINE. — Hélas! pauvre petit mari! Comment donc, mon ami?
ARGAN. — Votre coquine de Toinette est devenue plus insolente que jamais.
BÉLINE. — Ne vous passionnez donc point.
ARGAN. — Elle m'a fait enrager, m'amie.
BÉLINE. — Doucement, mon fils.
ARGAN. — Elle a contre-carré, une heure durant, les choses que je veux faire.
BÉLINE. — La! la! tout doux!
ARGAN. — Elle a eu l'effronterie de me dire que je ne suis point malade.
BÉLINE. — C'est une impertinente.
ARGAN. — Vous savez, mon cœur, ce qui en est.
BÉLINE. — Oui, mon cœur; elle a tort.
ARGAN. — M'amour, cette coquine-là me fera mourir.
BÉLINE. — Hé! la! hé! la!
ARGAN. — Elle est cause de toute la bile que je fais.
BÉLINE. — Ne vous fâchez point tant.
ARGAN. — Et il y a je ne sais combien que je vous dis de me la chasser.
BÉLINE. — Mon Dieu! mon fils, il n'y a point de serviteurs et de servantes qui n'aient leurs défauts. On est contraint parfois de souffrir leurs mauvaises qualités à cause des bonnes. Celle-ci est adroite, soigneuse, diligente, et surtout fidèle; et vous savez qu'il faut maintenant de grandes précautions pour les gens que l'on prend. Holà, Toinette!

SCÈNE VII.

ARGAN, BÉLINE, TOINETTE.

TOINETTE. — Madame.
BÉLINE. — Pourquoi donc est-ce que vous mettez mon mari en colère?
TOINETTE *d'un ton doucereux.* — Moi, madame? Hélas! je ne sais pas ce que vous me voulez dire, et je ne songe qu'à complaire à mon sieur en toutes choses.
ARGAN. — Ah! la traîtresse!
TOINETTE. — Il nous a dit qu'il voulait donner sa fille en mariage au fils de monsieur Diafoirus. Je lui ai répondu que je trouvais le parti avantageux pour elle, mais que je croyais qu'il ferait mieux de la mettre dans un couvent.
BÉLINE. — Il n'y a pas grand mal à cela, et je trouve qu'elle a raison.
ARGAN. — Ah! m'amour, vous la croyez! C'est une scélérate, elle m'a dit cent insolences.
BÉLINE. — Hé bien! je vous crois, mon ami. La, remettez-vous. Ecoutez, Toinette : si vous fâchez jamais mon mari, je vous mettrai dehors. Çà, donnez-moi son manteau fourré et des oreillers, que je l'accommode dans sa chaise. Vous voilà je ne sais comment. Enfoncez bien votre bonnet jusque sur vos oreilles; il n'y a rien qui enrhume tant que de prendre l'air par les oreilles.
ARGAN. — Ah! m'amie, que je vous suis obligé de tous les soins que vous prenez de moi!
BÉLINE *accommodant les oreillers qu'elle met autour d'Argan.* — Levez-vous, que je mette ceci sous vous. Mettons celui-ci pour vous appuyer, et celui-là de l'autre côté. Mettons celui-ci derrière votre dos, et cet autre-là pour soutenir votre tête.
TOINETTE *lui mettant rudement un oreiller sur la tête.* — Et celui-ci pour vous garder du serein.
ARGAN *se levant en colère et jetant les oreillers à Toinette qui s'enfuit.* — Ah! coquine, tu veux m'étouffer!

SCÈNE VIII.

ARGAN, BÉLINE.

BÉLINE. — Hé! la! hé! la! Qu'est-ce que c'est donc?
ARGAN *se jetant dans sa chaise.* — Ah! ah! ah! je n'en puis plus.
BÉLINE. — Pourquoi vous emporter ainsi? elle a cru faire bien.
ARGAN. — Vous ne connaissez pas, m'amour, la malice de la pendarde. Ah! elle m'a mis tout hors de moi; et il faudra plus de huit médecines et de douze lavements pour réparer tout ceci.
BÉLINE. — La! la! mon petit ami, apaisez-vous un peu.
ARGAN. — M'amie, vous êtes toute ma consolation.
BÉLINE. — Pauvre petit fils!
ARGAN. — Pour tâcher de reconnaître l'amour que vous me portez, je veux, mon cœur, comme je vous ai dit, faire mon testament.
BÉLINE. — Ah! mon ami, ne parlons point de cela, je vous prie : je ne saurais souffrir cette pensée; et le seul mot de testament me fait tressaillir de douleur.
ARGAN. — Je vous avais dit de parler pour cela à votre notaire.
BÉLINE. — Le voilà là-dedans que j'ai amené avec moi.
ARGAN. — Faites-le donc entrer, m'amour.
BÉLINE. — Hélas! mon ami, quand on aime bien un mari, on n'est guère en état de songer à tout cela.

SCÈNE IX.

M. DE BONNEFOI, BÉLINE, ARGAN.

ARGAN. — Approchez, monsieur de Bonnefoi, approchez. Prenez un siége, s'il vous plaît. Ma femme m'a dit, monsieur, que vous étiez fort honnête homme, et tout à fait de ses amis; et je l'ai chargée de vous parler pour un testament que je veux faire.
BÉLINE. — Hélas! je ne suis point capable de parler de ces choses-là.
M. DE BONNEFOI. — Elle m'a, monsieur, expliqué vos intentions et le dessein où vous êtes pour elle; et j'ai à vous dire là-dessus que vous ne sauriez rien donner à votre femme par votre testament.
ARGAN. — Mais pourquoi?
M. DE BONNEFOI. — La coutume y résiste. Si vous étiez en pays de droit écrit, cela se pourrait faire : mais, à Paris, et dans les pays coutumiers, au moins dans la plupart, c'est ce qui ne se peut; et la disposition serait nulle. Tout l'avantage qu'homme et femme conjoints par mariage se peuvent faire l'un à l'autre, c'est un don mutuel entre-vifs; encore faut-il qu'il n'y ait enfants, soit des deux conjoints, ou de l'un d'eux, lors du décès du premier mourant.
ARGAN. — Voilà une coutume bien impertinente, qu'un mari ne puisse rien laisser à une femme dont il est aimé tendrement, et qui prend de lui tant de soin! J'aurais envie de consulter mon avocat, pour voir comment je pourrais faire.
M. DE BONNEFOI. — Ce n'est point à des avocats qu'il faut aller; car ils sont d'ordinaire sévères là-dessus, et s'imaginent que c'est un grand

crime que de disposer en fraude de la loi. Ce sont gens de difficultés, et qui sont ignorants des détours de la conscience. Il y a d'autres personnes à consulter, qui sont bien plus accommodantes, qui ont des expédients pour passer doucement par-dessus la loi, et rendre juste ce qui n'est pas permis; qui savent aplanir les difficultés d'une affaire, et trouver des moyens d'éluder la coutume par quelque avantage indirect. Sans cela, où en serions-nous tous les jours? Il faut de la facilité dans les choses; autrement nous ne ferions rien, et je ne donnerais pas un sou de notre métier.

ARGAN. — Ma femme m'avait bien dit, monsieur, que vous étiez fort habile et fort honnête homme. Comment puis-je faire, s'il vous plaît, pour lui donner mon bien et en frustrer mes enfants?

M. DE BONNEFOI. — Comment vous pouvez faire? Vous pouvez choisir doucement un ami intime de votre femme, auquel vous donnerez en bonne forme par votre testament tout ce que vous pouvez; et cet ami ensuite lui rendra tout. Vous pouvez encore contracter un grand nombre d'obligations non suspectes au profit de divers créanciers qui prêteront leur nom à votre femme, et entre les mains de laquelle ils mettront leur déclaration que ce qu'ils en ont fait n'a été que pour lui faire plaisir. Vous pouvez aussi, pendant que vous êtes en vie, mettre entre ses mains de l'argent comptant, ou des billets que vous pourrez avoir payables au porteur.

BÉLINE. — Mon Dieu! il ne faut point vous tourmenter de tout cela. S'il vient faute de vous, mon fils, je ne veux plus rester au monde.

ARGAN. — M'amie!

BÉLINE. — Oui, mon ami, si je suis assez malheureuse pour vous perdre...

ARGAN. — Ma chère femme!

BÉLINE. — La vie ne me sera plus rien.

ARGAN. — M'amour!

BÉLINE. — Et je suivrai vos pas, pour vous faire connaître la tendresse que j'ai pour vous.

ARGAN. — M'amie, vous me fendez le cœur! Consolez-vous, je vous en prie.

M. DE BONNEFOI *à Béline*. — Ces larmes sont hors de saison, et les choses n'en sont point encore là.

BÉLINE. — Ah! monsieur, vous ne savez pas ce que c'est qu'un mari qu'on aime tendrement.

ARGAN. — Tout le regret que j'aurai si je meurs, m'amie, c'est de n'avoir point un enfant de vous. Monsieur Purgon m'avait dit qu'il m'en ferait faire un.

M. DE BONNEFOI. — Cela pourra venir encore.

ARGAN. — Il faut faire mon testament, m'amour, de la façon que monsieur dit; mais, par précaution, je veux vous mettre entre les mains vingt mille francs en or, que j'ai dans le lambris de mon alcôve, et deux billets payables au porteur, qui me sont dus, l'un par M. Damon, et l'autre par M. Gérante.

BÉLINE. — Non, non, je ne veux point de tout cela. Ah!... Combien dites-vous qu'il y a dans votre alcôve?

ARGAN. — Vingt mille francs, m'amour.

BÉLINE. — Ne me parlez point de bien, je vous prie. Ah!... De combien sont les deux billets?

ARGAN. — Ils sont, m'amie, l'un de quatre mille francs, et l'autre de six.

BÉLINE. — Tous les biens du monde, mon ami, ne me sont rien au prix de vous.

M. DE BONNEFOI *à Argan*. — Voulez-vous que nous procédions au testament?

ARGAN. — Oui, monsieur. Mais nous serons mieux dans mon petit cabinet. M'amour, conduisez-moi, je vous prie.

BÉLINE. — Allons, mon pauvre petit fils.

SCÈNE X.

ANGÉLIQUE, TOINETTE.

TOINETTE. — Les voilà avec un notaire, et j'ai ouï parler de testament. Votre belle-mère ne s'endort point; et c'est sans doute quelque conspiration contre vos intérêts où elle pousse votre père.

ANGÉLIQUE. — Qu'il dispose de son bien à sa fantaisie, pourvu qu'il ne dispose point de mon cœur. Tu vois, Toinette, les desseins violents que l'on fait sur lui; ne m'abandonne point, je te prie, dans l'extrémité où je suis.

TOINETTE. — Moi, vous abandonner! j'aimerais mieux mourir. Votre belle-mère a beau me faire sa confidente et me vouloir jeter dans ses intérêts, je n'ai jamais pu avoir d'inclination pour elle, et j'ai toujours été de votre parti. Laissez-moi faire; j'emploierai toute chose pour vous servir. Mais, pour vous servir avec plus d'effet, je veux changer de batterie, couvrir le zèle que j'ai pour vous, et feindre d'entrer dans les sentiments de votre père et de votre belle-mère.

ANGÉLIQUE. — Tâche, je t'en conjure, de faire donner avis à Cléante du mariage qu'on a conclu.

TOINETTE. — Je n'ai personne à employer à cet office que le vieux usurier Polichinelle, mon amant; et il m'en coûtera, pour cela, quelques paroles de douceur, que je veux bien dépenser pour vous. Pour aujourd'hui il est trop tard; mais demain, du grand matin, je l'enverrai quérir, et il sera ravi de...

SCÈNE XI.

BÉLINE *dans la maison*, ANGÉLIQUE, TOINETTE.

BÉLINE. — Toinette!

TOINETTE *à Angélique*. — Voilà qu'on m'appelle. Bonsoir. Reposez-vous sur moi.

PREMIER INTERMÈDE.

Le théâtre représente une place publique.

SCÈNE I.

POLICHINELLE.

O amour, amour, amour, amour! Pauvre Polichinelle! quelle diable de fantaisie t'es-tu allé mettre dans la cervelle? A quoi t'amuses-tu, misérable insensé que tu es? Tu quittes le soin de ton négoce, et tu laisses aller tes affaires à l'abandon; tu ne manges plus, tu ne bois presque plus, tu perds le repos de la nuit, et tout cela, pour qui? Pour une dragonne, franche dragonne, une diablesse qui te rembarre et se moque de tout ce que tu peux lui dire. Mais il n'y a point à raisonner là-dessus. Tu le veux, amour; il faut être fou comme beaucoup d'autres. Cela n'est pas le mieux du monde à un homme de mon âge; mais qu'y faire? On n'est pas sage quand on veut; et les vieilles cervelles se démontent comme les jeunes.

Je viens voir si je ne pourrai point adoucir ma tigresse par une sérénade. Il n'y a rien, parfois, qui soit si touchant qu'un amant qui vient chanter ses doléances aux gonds et aux verrous de la porte de sa maîtresse. (*Après avoir pris son luth.*) Voici de quoi accompagner ma voix. O nuit, ô chère nuit, porte mes plaintes amoureuses jusque dans le lit de mon inflexible.

Nott' e dì, v' am' e v' adoro;
Cerc' un sì, per mio ristoro :
Ma se voi dite di no,
Bell' ingrata, io morirò.
Frà la speranza
S'affligge il cuore,
In lontananza
Consum' a l'hore;
Si dolce inganno
Che mi figura
Breve l'affanno,
Ahi! troppo dura!
Così per tropp' amar languisco et muero.
Nott' e dì, v' am' e v' adoro;
Cerc' un sì, per mio ristoro :
Ma se voi dite di nò,
Bell' ingrata, io morirò.
Se non dormite,
Almen pensate
Alle ferite
Ch' al cuor mi fate :
D'almen fingete
Per mio conforto,
Se m'uccidete,
D'haver il torto;
Vostra pietà mi scemerà il martiro.
Nott' e dì, v' am' e v' adoro;
Cerc' un sì, per mio ristoro :
Ma se voi dite di nò,
Bell' ingrata, io morirò.

SCÈNE II.

POLICHINELLE, UNE VIEILLE *à la fenêtre.*

LA VIEILLE *chante*. Zerbinetti, ch' ogn' hor con finti sguardi,
Mentiti desiri,
Fallaci sospiri,
Accenti buggiardi,
Di fede vi preggiate,
Ah! che non m'ingannate;
Che già so per prova
Ch' in voi non si trova
Costanza ne fede.
Oh! quanto è pazza colei che vi crede!
Quei sguardi languidi
Non m'innamorano,
Quei sospir' fervidi
Più non m'infiammano,
Vel' giuro a fe.
Zerbino misero,
Del vostro piangere
Il mio cuor libero
Vuol sempre ridere;

Credet' a me,
Che già so per prova
Ch' in voi non si trova
Costanza ne fede.
Oh! quanto è pazza colei che vi crede!

SCÈNE III.

POLICHINELLE, VIOLONS *derrière le théâtre.* LES VIOLONS *commencent un air.*

POLICHINELLE. — Quelle impertinente harmonie vient interrompre ici ma voix!

LES VIOLONS *continuant à jouer.*

POLICHINELLE. — Paix là; taisez-vous, violons. Laissez-moi me plaindre à mon aise des cruautés de mon inexorable.

LES VIOLONS *de même.*

POLICHINELLE. — Taisez-vous, vous dis-je : c'est moi qui veux chanter.

LES VIOLONS.

POLICHINELLE. — Paix donc.

LES VIOLONS.

POLICHINELLE. — Ouais!

LES VIOLONS.

POLICHINELLE. — Ah!

LES VIOLONS.

POLICHINELLE. — Est-ce pour rire?

LES VIOLONS.

POLICHINELLE. — Ah! que de bruit!

LES VIOLONS.

POLICHINELLE. — Le diable vous emporte!

LES VIOLONS.

POLICHINELLE. — J'enrage!

LES VIOLONS.

POLICHINELLE. — Vous ne vous tairez pas? Ah! Dieu soit loué!

LES VIOLONS.

POLICHINELLE. — Encore!

LES VIOLONS.

POLICHINELLE. — Peste des violons!

LES VIOLONS.

POLICHINELLE. — La sotte musique que voilà!

LES VIOLONS.

POLICHINELLE *chantant pour se moquer des violons.* — La, la, la, la, la.

LES VIOLONS.

POLICHINELLE *de même.* — La, la, la, la, la, la.

LES VIOLONS.

POLICHINELLE *de même.* — La, là, la, la, la, la.

LES VIOLONS.

POLICHINELLE *de même.* — La, la, la, la, la, la.

LES VIOLONS.

POLICHINELLE *de même.* — La, la, la, la, la, la.

LES VIOLONS.

POLICHINELLE. — Par ma foi, cela me divertit. Poursuivez, messieurs les violons; vous me ferez plaisir. (*N'entendant plus rien.*) Allons donc, continuez, je vous en prie.

SCÈNE IV.

POLICHINELLE *seul.*

Voilà le moyen de les faire taire. La musique est accoutumée à ne point faire ce qu'on veut. Or sus, à nous. Avant que de chanter, il faut que je prélude un peu, et joue quelque pièce, afin de mieux prendre mon ton. (*Il prend son luth, dont il fait semblant de jouer en imitant avec les lèvres et la langue le son de cet instrument.*) Plan, plan, plan. Plin, plin, plin. Voilà un temps fâcheux pour mettre un luth d'accord. Plin, plin, plin. Plin, tan, plan. Plin, plin. Les cordes ne tiennent point par ce temps-là. Plin, plan. J'entends du bruit. Mettons mon luth contre la porte.

SCÈNE V.

POLICHINELLE, ARCHERS CHANTANTS ET DANSANTS.

UN ARCHER *chantant.* — Qui va là? qui va là?

POLICHINELLE *bas.* — Qui diable est-ce là? Est-ce la mode de parler en musique?

L'ARCHER. — Qui va là? qui va là? qui va là?

POLICHINELLE *épouvanté.* — Moi, moi, moi!

L'ARCHER. — Qui va là? qui va là? vous dis-je.

POLICHINELLE. — Moi, moi, vous dis-je.

L'ARCHER. — Et qui toi? et qui toi?

POLICHINELLE. — Moi, moi, moi, moi, moi, moi!

L'ARCHER. Dis ton nom, dis ton nom, sans davantage attendre.

POLICHINELLE *feignant d'être bien hardi.*
Mon nom est Va te faire pendre.

L'ARCHER. Ici, camarades, ici.
Saisissons l'insolent qui nous répond ainsi.

PREMIÈRE ENTRÉE DE BALLET.

(*Des archers dansants cherchent Polichinelle dans l'obscurité pour le saisir.*)

POLICHINELLE. — Qui va là?

(*Entendant encore du bruit autour de lui.*)
Qui sont les coquins que j'entends?
Hé!... holà! mes laquais, mes gens...
Par la mort!... par le sang!... j'en jetterai par terre...
Champagne, Poitevin, Picard, Basque, Breton...
Donnez-moi mon mousqueton...

(*Pendant les intervalles qui sont marqués avec les points, les archers dansent au son de la symphonie en cherchant Polichinelle.*)

POLICHINELLE *faisant semblant de tirer un coup de pistolet.* — Pouc.

(*Les archers tombent tous et s'enfuient.*)

SCÈNE VI.

POLICHINELLE *seul.*

Ah! ah! ah! ah! comme je leur ai donné l'épouvante! Voilà de sottes gens d'avoir peur de moi, qui ai peur des autres. Ma foi, il n'est que de jouer d'adresse en ce monde. Si je n'avais tranché du grand seigneur, et n'avais fait le brave, ils n'auraient pas manqué de me happer. Ah! ah! ah!

(*Pendant que Polichinelle croit être seul, des archers reviennent sans faire de bruit pour entendre ce qu'il dit.*)

SCÈNE VII.

POLICHINELLE, DEUX ARCHERS CHANTANTS.

LES DEUX ARCHERS *saisissant Polichinelle.*
Nous le tenons. A nous, camarades, à nous.
Dépêchez; de la lumière.

SCÈNE VIII.

POLICHINELLE, LES DEUX ARCHERS CHANTANTS, ARCHERS CHANTANTS ET DANSANTS, *venant avec des lanternes.*

QUATRE ARCHERS *chantant ensemble.*
Ah! traître! ah! fripon! c'est donc vous!
Faquin, maraud, pendard, impudent téméraire,
Insolent, effronté, coquin, filou, voleur,
Vous osez nous faire peur!

POLICHINELLE. Messieurs, c'est que j'étais ivre.

LES QUATRE ARCHERS. Non, non : point de raison;
Il faut vous apprendre à vivre.
En prison, vite en prison.

POLICHINELLE. — Messieurs, je ne suis point voleur.

LES QUATRE ARCHERS. — En prison.

POLICHINELLE. — Je suis un bourgeois de la ville.

LES QUATRE ARCHERS. — En prison.

POLICHINELLE. — Qu'ai-je fait?

LES QUATRE ARCHERS. — En prison, vite en prison.

POLICHINELLE. — Messieurs, laissez-moi aller.

LES QUATRE ARCHERS. — Non.

POLICHINELLE. — Je vous prie.

LES QUATRE ARCHERS. — Non.

POLICHINELLE. — Hé!

LES QUATRE ARCHERS. — Non.

POLICHINELLE. — De grâce!

LES QUATRE ARCHERS. — Non, non.

POLICHINELLE. — Messieurs!

LES QUATRE ARCHERS. — Non, non, non.

POLICHINELLE. — S'il vous plaît!

LES QUATRE ARCHERS. — Non, non.

POLICHINELLE. — Par charité!

LES QUATRE ARCHERS. — Non, non.

POLICHINELLE. — Au nom du ciel!

LES QUATRE ARCHERS. — Non, non.

POLICHINELLE. — Miséricorde!

LES QUATRE ARCHERS. — Non, non, point de raison;
Il faut vous apprendre à vivre.
En prison, vite en prison.

POLICHINELLE. — Hé! n'est-il rien, messieurs, qui soit capable d'attendrir vos âmes?

LES QUATRE ARCHERS. — Il est aisé de nous toucher;
Et nous sommes humains plus qu'on ne saurait croire.
Donnez-nous seulement six pistoles pour boire,
Nous allons vous lâcher.

POLICHINELLE. — Hélas! messieurs, je vous assure que je n'ai pas un sou sur moi.

LES QUATRE ARCHERS. — Au défaut de six pistoles,
Choisissez donc sans façon
D'avoir trente croquignoles
Ou douze coups de bâton.

POLICHINELLE. — Si c'est une nécessité, et qu'il faille en passer par là, je choisis les croquignoles.

LES QUATRE ARCHERS. — Allons, préparez-vous,
Et comptez bien les coups.

DEUXIÈME ENTRÉE DE BALLET.

(*Les archers dansants donnent en cadence des croquignoles à Polichinelle.*)

POLICHINELLE *pendant qu'on lui donne des croquignoles.* — Une et deux, trois et quatre, cinq et six, sept et huit, neuf et dix, onze et douze, quatorze et quinze.

LES QUATRE ARCHERS. — Ah! ah! vous en voulez passer!
Allons, c'est à recommencer.

POLICHINELLE. — Ah! messieurs, ma pauvre tête n'en peut plus; et vous venez de me la rendre comme une pomme cuite. J'aime mieux encore les coups de bâton que de recommencer.

LES QUATRE ARCHERS. — Soit. Puisque le bâton est pour vous plus charmant,
Vous aurez contentement.

TROISIÈME ENTRÉE DE BALLET.

(*Les archers donnent en cadence des coups de bâton à Polichinelle.*)

POLICHINELLE *comptant les coups de bâton.* — Un, deux, trois, quatre, cinq, six. Ah! ah! ah! Je n'y saurais plus résister. Tenez, messieurs, voilà six pistoles que je vous donne.

LES QUATRE ARCHERS. — Ah! l'honnête homme! ah! l'âme noble et belle!
Adieu, seigneur; adieu, seigneur Polichinelle.

POLICHINELLE. — Messieurs, je vous donne le bonsoir.

LES QUATRE ARCHERS. — Adieu, seigneur; adieu, seigneur Polichinelle.

POLICHINELLE. — Votre serviteur.

LES QUATRE ARCHERS. — Adieu, seigneur; adieu, seigneur Polichinelle.

POLICHINELLE. — Très-humble valet.

LES QUATRE ARCHERS. — Adieu, seigneur; adieu, seigneur Polichinelle.

POLICHINELLE. — Jusqu'au revoir.

QUATRIÈME ET DERNIÈRE ENTRÉE DE BALLET.

(*Les archers dansent en réjouissance de l'argent qu'ils ont reçu.*)

ACTE DEUXIÈME.

SCÈNE I.

CLÉANTE, TOINETTE.

TOINETTE *ne reconnaissant pas Cléante.* — Que demandez-vous, monsieur?

CLÉANTE. — Ce que je demande?

TOINETTE. — Ah! ah! c'est vous! Quelle surprise! Que venez-vous faire céans?

CLÉANTE. — Savoir ma destinée, parler à l'aimable Angélique, consulter les sentiments de son cœur, et lui demander ses résolutions sur ce mariage fatal dont on m'a averti.

TOINETTE. — Oui : mais on ne parle pas comme cela de but en blanc à Angélique, il y faut des mystères : et l'on vous a dit l'étroite garde où elle est retenue; qu'on ne la laisse ni sortir ni parler à personne; et que ce ne fut que la curiosité d'une vieille tante qui nous fit accorder la liberté d'aller à cette comédie qui donna lieu à la naissance de votre passion : et nous nous sommes bien gardées de parler de cette aventure.

CLÉANTE. — Aussi ne viens-je pas ici comme Cléante et sous l'apparence de son amant, mais comme ami de son maître de musique, dont j'ai obtenu le pouvoir de dire qu'il m'envoie à sa place.

TOINETTE. — Voici son père. Retirez-vous un peu, et me laissez lui dire que vous êtes là.

SCÈNE II.

ARGAN, TOINETTE.

ARGAN *se croyant seul et sans voir Toinette.* — Monsieur Purgon m'a dit de me promener le matin dans ma chambre douze allées et douze venues : mais j'ai oublié de lui demander si c'est en long ou en large.

TOINETTE. — Monsieur, voilà un...

ARGAN. — Parle bas, pendarde : tu viens m'ébranler tout le cerveau, et tu ne songes pas qu'il ne faut point parler si haut à des malades.

TOINETTE. — Je voulais vous dire, monsieur...

ARGAN. — Parle bas, te dis-je.

TOINETTE. — Monsieur. (*Elle fait semblant de parler.*)

ARGAN. — Hé?

TOINETTE. — Je vous dis que... (*Elle fait encore semblant de parler.*)

ARGAN. — Qu'est-ce que tu dis?

TOINETTE *haut.* — Je dis que voilà un homme qui veut parler à vous.

ARGAN. — Qu'il vienne. (*Toinette fait signe à Cléante d'avancer.*)

SCÈNE III.

ARGAN, CLÉANTE, TOINETTE.

CLÉANTE. — Monsieur...

TOINETTE *à Cléante.* — Ne parlez pas si haut, de peur d'ébranler le cerveau de monsieur.

CLÉANTE. — Monsieur, je suis ravi de vous trouver debout, et de voir que vous vous portez mieux.

TOINETTE *feignant d'être en colère.* — Comment! qu'il se porte mieux! Cela est faux. Monsieur se porte toujours mal.

CLÉANTE. — J'ai ouï dire que monsieur était mieux; et je lui trouve bon visage.

TOINETTE. — Que voulez-vous dire avec votre bon visage? Monsieur l'a fort mauvais; et ce sont des impertinents qui vous ont dit qu'il était mieux; il ne s'est jamais si mal porté.

ARGAN. — Elle a raison.

TOINETTE. — Il marche, dort, mange et boit comme les autres; mais cela n'empêche pas qu'il ne soit fort malade.

ARGAN. — Cela est vrai.

CLÉANTE. — Monsieur, j'en suis au désespoir. Je viens de la part du maître à chanter de mademoiselle votre fille : il s'est vu obligé d'aller à la campagne pour quelques jours; et, comme son ami intime, il m'envoie à sa place pour lui continuer ses leçons, de peur qu'en les interrompant elle ne vînt à oublier ce qu'elle sait déjà.

ARGAN. — Fort bien. (*A Toinette.*) Appelez Angélique.

TOINETTE. — Je crois, monsieur, qu'il sera mieux de mener monsieur à sa chambre.

ARGAN. — Non, faites-la venir.

TOINETTE. — Il ne pourra lui donner leçon comme il faut, s'ils ne sont en particulier.

ARGAN. — Si fait, si fait.

TOINETTE. — Monsieur, cela ne fera que vous étourdir; et il ne faut rien pour vous émouvoir en l'état où vous êtes, et vous ébranler le cerveau.

ARGAN. — Point, point : j'aime la musique; et je serai bien aise de... Ah! la voici. (*A Toinette.*) Allez-vous-en voir, vous, si ma femme est habillée.

SCÈNE IV.

ARGAN, ANGÉLIQUE, CLÉANTE.

ARGAN. — Venez, ma fille; votre maître de musique est allé aux champs, et voilà une personne qu'il envoie à sa place pour vous montrer.

ANGÉLIQUE *reconnaissant Cléante.* — Ah! ciel!

ARGAN. — Qu'est-ce? D'où vient cette surprise?

ANGÉLIQUE. — C'est...

ARGAN. — Quoi! qui vous émeut de la sorte?

ANGÉLIQUE. — C'est, mon père, une aventure surprenante qui se rencontre ici.

ARGAN. — Comment?

ANGÉLIQUE. — J'ai songé cette nuit que j'étais dans le plus grand embarras du monde, et qu'une personne faite tout comme monsieur s'est présentée à moi, à qui j'ai demandé secours, et qui m'est venue tirer de la peine où j'étais; et ma surprise a été grande de voir inopinément, en arrivant ici, ce que j'ai eu dans l'idée toute la nuit.

CLÉANTE. — Ce n'est pas être malheureux que d'occuper votre pensée, soit en dormant, soit en veillant : et mon bonheur serait grand, sans doute, si vous étiez dans quelque peine dont vous me jugeassiez digne de vous tirer; et il n'y a rien que je ne fisse pour...

SCÈNE V.

ARGAN, ANGÉLIQUE, CLÉANTE, TOINETTE.

TOINETTE *à Argan.* — Ma foi, monsieur, je suis pour vous maintenant; et je me dédis de tout ce que je disais hier. Voici monsieur Diafoirus le père et monsieur Diafoirus le fils qui viennent vous rendre visite. Que vous serez bien engendré! Vous allez voir le garçon le mieux fait du monde, et le plus spirituel. Il n'a dit que deux mots qui m'ont ravie, et votre fille va être charmée de lui.

ARGAN *à Cléante qui feint de vouloir s'en aller.* — Ne vous en allez point, monsieur. C'est que je marie ma fille; et voilà qu'on lui amène son prétendu mari, qu'elle n'a point encore vu.

CLÉANTE. — C'est m'honorer beaucoup, monsieur, de vouloir que je sois témoin d'une entrevue si agréable.

ARGAN. — C'est le fils d'un habile médecin : et le mariage se fera dans quatre jours.

CLÉANTE. — Fort bien.

ARGAN. — Mandez-le un peu à son maître de musique, afin qu'il se trouve à la noce.

CLÉANTE. — Je n'y manquerai pas.

ARGAN. — Je vous y prie aussi.

CLÉANTE. — Vous me faites beaucoup d'honneur.

TOINETTE. — Allons, qu'on se range, les voici.

SCÈNE VI.

M. DIAFOIRUS, THOMAS DIAFOIRUS, ARGAN, ANGÉLIQUE, CLÉANTE, TOINETTE, LAQUAIS.

ARGAN *mettant la main à son bonnet sans l'ôter.* — Monsieur Purgon, monsieur, m'a défendu de découvrir ma tête. Vous êtes du métier, vous savez les conséquences.

M. DIAFOIRUS. — Nous sommes dans toutes nos visites pour porter secours aux malades, et non pour leur porter de l'incommodité.

(*Argan et M. Diafoirus parlent en même temps.*)

ARGAN. — Je reçois, monsieur,

M. DIAFOIRUS. — Nous venons ici, monsieur,

ARGAN. Avec beaucoup de joie...

M. DIAFOIRUS. — Mon fils Thomas et moi,

ARGAN. — L'honneur que vous me faites;
M. DIAFOIRUS. — Vous témoigner, monsieur,
ARGAN. — Et j'aurais souhaité...
M. DIAFOIRUS. — Le ravissement où nous sommes...
ARGAN. — De pouvoir aller chez vous...
M. DIAFOIRUS. — De la grâce que vous nous faites...
ARGAN. — Pour vous en assurer.
M. DIAFOIRUS. — De vouloir bien nous recevoir...
ARGAN. — Mais, vous savez, monsieur,
M. DIAFOIRUS. — Dans l'honneur, monsieur,
ARGAN. — Ce que c'est qu'un pauvre malade,
M. DIAFOIRUS. — De votre alliance,
ARGAN. — Qui ne peut faire autre chose...
M. DIAFOIRUS. — Et vous assurer...
ARGAN. — Que de vous dire ici...

ACTE I, SCÈNE I.
ARGAN. — .... Est-il possible qu'on laisse comme cela un pauvre malade tout seul?

M. DIAFOIRUS. — Que, dans les choses qui dépendront de notre métier,
ARGAN. — Qu'il cherchera toutes les occasions...
M. DIAFOIRUS. — De même qu'en toute autre,
ARGAN. — De vous faire connaître, monsieur,
M. DIAFOIRUS. — Nous serons toujours prêts, monsieur,
ARGAN. — Qu'il est tout à votre service.
M. DIAFOIRUS. — A vous témoigner notre zèle. (*A son fils.*) Allons, Thomas, avancez, faites vos compliments.
THOMAS DIAFOIRUS *à M. Diafoirus.* — N'est-ce pas par le père qu'il convient commencer?
M. DIAFOIRUS. — Oui.
THOMAS DIAFOIRUS *à Argan.* — Monsieur, je viens saluer, reconnaître, chérir et révérer en vous un second père, mais un second père auquel j'ose dire que je me trouve plus redevable qu'au premier. Le premier m'a engendré; mais vous m'avez choisi. Il m'a reçu par nécessité; mais vous m'avez accepté par grâce. Ce que je tiens de lui est un ouvrage de son corps; mais ce que je tiens de vous est un ouvrage de votre volonté: et d'autant plus que les facultés spirituelles sont au-dessus des corporelles d'autant plus je vous dois, et d'autant plus je tiens précieuse cette future filiation dont je viens aujourd'hui vous rendre par avance les très-humbles et très respectueux hommages.
TOINETTE. — Vivent les colléges d'où l'on sort si habile homme!
THOMAS DIAFOIRUS *à M. Diafoirus.* — Cela a-t-il bien été, mon père?
M. DIAFOIRUS. *Optimè.*
ARGAN *à Angélique.* — Allons, saluez monsieur.
THOMAS DIAFOIRUS *à M. Diafoirus.* — Baiserai-je?
M. DIAFOIRUS. — Oui, oui.

THOMAS DIAFOIRUS *à Angélique.* — Madame, c'est avec justice que le ciel vous a concédé le nom de belle-mère, puisque l'on...
ARGAN *à Thomas Diafoirus.* — Ce n'est pas ma femme, c'est ma fille à qui vous parlez.
THOMAS DIAFOIRUS. — Où donc est-elle?
ARGAN. — Elle va venir.
THOMAS DIAFOIRUS. — Attendrai-je, mon père, qu'elle soit venue?
M. DIAFOIRUS. — Faites toujours le compliment de mademoiselle.
THOMAS DIAFOIRUS. — Mademoiselle, ne plus ne moins que la statue de Memnon rendait un son harmonieux lorsqu'elle venait à être éclairée des rayons du soleil, tout de même me sens-je animé d'un doux transport à l'apparition du soleil de vos beautés; et comme les naturalistes remarquent que la fleur nommée héliotrope tourne sans cesse vers cet astre du jour, aussi mon cœur d'ores en avant tournera-t-il toujours vers les astres resplendissants de vos yeux adorables, ainsi que vers son pôle unique. Souffrez donc, mademoiselle, que j'appende aujourd'hui à l'autel de vos charmes l'offrande de ce cœur, qui ne respire et n'ambitionne autre gloire que d'être toute sa vie, mademoiselle, votre très-humble, très-obéissant et très-fidèle serviteur et mari.
TOINETTE. — Voilà ce que c'est que d'étudier, on apprend à dire de belles choses.
ARGAN *à Cléante.* — Hé! que dites-vous de cela?
CLÉANTE. — Que monsieur fait merveilles, et que, s'il est aussi bon médecin qu'il est bon orateur, il y aura plaisir à être de ses malades.
TOINETTE. Assurément. Ce sera quelque chose d'admirable, s'il fait d'aussi belles cures qu'il fait de beaux discours.
ARGAN. — Allons, vite, ma chaise, et des siéges à tout le monde. (*Les laquais donnent des siéges.*) Mettez-vous là, ma fille. (*A M. Diafoirus.*) Vous voyez, monsieur, que tout le monde admire monsieur votre fils, et je vous trouve bien heureux de vous voir un garçon comme cela.
M. DIAFOIRUS. — Monsieur, ce n'est pas parce que je suis son père; mais je puis dire que j'ai sujet d'être content de lui, et que tous ceux qui le voient en parlent comme d'un garçon qui n'a point de méchanceté. Il n'a jamais eu l'imagination bien vive, ni ce feu d'esprit qu'on remarque dans quelques-uns; mais c'est par-là que j'ai toujours bien auguré de sa judiciaire, qualité requise pour l'exercice de notre art. Lorsqu'il était petit, il n'a jamais été ce qu'on appelle mièvre et éveillé: on le voyait toujours doux, paisible et taciturne, ne disant jamais mot, et ne jouant jamais à tous ces petits jeux que l'on nomme enfantins. On eut toutes les peines du monde à lui apprendre à lire; et il avait neuf ans qu'il ne connaissait pas encore ses lettres. Bon! disais-je en moi-même, les arbres tardifs sont ceux qui portent les meilleurs fruits. On grave sur le marbre bien plus malaisément que sur le sable; mais les choses y sont conservées bien plus longtemps; et cette lenteur à comprendre, cette pesanteur d'imagination est la marque d'un bon jugement à venir. Lorsque je l'envoyai au collége, il trouva de la peine; mais il se roidissait contre les difficultés, et ses régents se louaient toujours à moi de son assiduité et de son travail. Enfin, à force de battre le fer, il en est venu glorieusement à avoir ses licences; et je puis dire, sans vanité, que, depuis deux ans qu'il est sur les bancs, il n'y a point de candidat qui ait fait plus de bruit que lui dans toutes les disputes de notre école. Il s'y est rendu redoutable; et il ne s'y passe point d'acte où il n'aille argumenter à outrance pour la proposition contraire. Il est ferme dans la dispute, fort comme un Turc sur ses principes, ne démord jamais de son opinion, et poursuit un raisonnement jusque dans les derniers recoins de la logique. Mais, sur toute chose, ce qui me plaît en lui, et en quoi il suit mon exemple, c'est qu'il s'attache aveuglément aux opinions de nos anciens, et que jamais il n'a voulu comprendre ni écouter les raisons et les expériences des prétendues découvertes de notre siècle touchant la circulation du sang et autres opinions de même farine.
THOMAS DIAFOIRUS *tirant de sa poche une grande thèse roulée, qu'il présente à Angélique.* — J'ai, contre les circulateurs, soutenu une thèse qu'avec la permission (*saluant Argan*) de monsieur j'ose présenter à mademoiselle comme un hommage que je lui dois des prémices de mon esprit.
ANGÉLIQUE. — Monsieur, c'est pour moi un meuble inutile; et je ne me connais pas à ces choses-là.
TOINETTE *prenant la thèse.* — Donnez, donnez; elle est toujours bonne à prendre pour l'image : cela servira à parer notre chambre.
THOMAS DIAFOIRUS *saluant encore Argan.* — Avec la permission aussi de monsieur, je vous invite à venir voir l'un de ces jours, pour vous divertir, la dissection d'une femme sur quoi je dois raisonner.
TOINETTE. — Le divertissement sera agréable. Il y en a qui donnent la comédie à leurs maîtresses; mais donner une dissection est quelque chose de plus galant.
M. DIAFOIRUS. — Au reste, pour ce qui est des qualités requises pour le mariage et la propagation, je vous assure que, selon les règles de nos docteurs, il est tel qu'on le peut souhaiter, qu'il possède en un degré louable la vertu prolifique, et qu'il est du tempérament qu'il faut pour engendrer et procréer des enfants bien conditionnés.
ARGAN. — N'est ce pas votre intention, monsieur, de le pousser à la cour, et d'y ménager pour lui une charge de médecin?
M. DIAFOIRUS. — A vous en parler franchement, notre métier auprès

des grands ne m'a jamais paru agréable; et j'ai toujours trouvé qu'il valait mieux pour nous autres demeurer au public. Le public est commode : vous n'avez à répondre de vos actions à personne; et, pourvu que l'on suive le courant des règles de l'art, on ne se met point en peine de tout ce qui peut arriver. Mais ce qu'il y a de fâcheux auprès des grands, c'est que, quand ils viennent à être malades, ils veulent absolument que leurs médecins les guérissent.

TOINETTE. — Cela est plaisant! et ils sont bien impertinents de vouloir que vous autres messieurs vous les guérissiez! Vous n'êtes point auprès d'eux pour cela : vous n'y êtes que pour recevoir vos pensions, et leur ordonner des remèdes; c'est à eux à guérir s'ils peuvent.

M. DIAFOIRUS. — Cela est vrai. On n'est obligé qu'à traiter les gens dans les formes.

ARGAN *à Cléante.* — Monsieur, faites un peu chanter ma fille devant la compagnie.

ACTE II, SCÈNE VI.
Thomas Diafoirus.

CLÉANTE. — J'attendais vos ordres, monsieur; et il m'est venu en pensée, pour divertir la compagnie, de chanter avec mademoiselle une scène d'un petit opéra qu'on a fait depuis peu. (*A Angélique, lui donnant un papier.*) Tenez, voilà votre partie.

ANGÉLIQUE. — Moi?

CLÉANTE *bas à Angélique.* — Ne vous défendez point, s'il vous plaît, et me laissez vous faire comprendre ce que c'est que la scène que nous devons chanter. (*Haut.*) Je n'ai pas une voix à chanter; mais ici il suffit que je me fasse entendre, et l'on aura la bonté de m'excuser par la nécessité où je me trouve de faire chanter mademoiselle.

ARGAN. — Les vers en sont-ils beaux?

CLÉANTE. — C'est proprement ici un petit opéra impromptu; et vous n'allez entendre chanter que de la prose cadencée, ou des manières de vers libres, tels que la passion et la nécessité peuvent faire trouver à deux personnes qui disent les choses d'eux-mêmes, et parlent sur-le-champ.

ARGAN. — Fort bien. Écoutons.

CLÉANTE. — Voici le sujet de la scène. Un berger était attentif aux beautés d'un spectacle qui ne faisait que commencer lorsqu'il fut tiré de son attention par un bruit qu'il entendit à ses côtés. Il se retourne et voit un brutal qui de paroles insolentes maltraitait une bergère. D'abord il prend les intérêts d'un sexe à qui tous les hommes doivent hommage; et, après avoir donné au brutal le châtiment de son insolence, il vient à la bergère, et voit une jeune personne qui, des deux plus beaux yeux qu'il eût jamais vus, versait des larmes qu'il trouva les plus belles du monde. Hélas! dit-il en lui-même, est-on capable d'outrager une personne si aimable? et quel inhumain, quel barbare ne serait touché par de telles larmes? Il prend soin de les arrêter, ces larmes qu'il trouve si belles; et l'aimable bergère prend soin en même temps de le remercier de son léger service, mais d'une manière si charmante, si tendre et si passionnée, que le berger n'y peut résister; et chaque mot, chaque regard est un trait plein de flamme dont son cœur se sent pénétré. Est-il, disait-il, quelque chose qui puisse mériter les aimables paroles d'un tel remercîment? Et que ne voudrait-on pas faire, à quels services, à quels dangers ne serait-on pas ravi de courir, pour s'attirer un seul moment des touchantes douceurs d'une âme si reconnaissante? Tout le spectacle passe sans qu'il y donne aucune attention : mais il se plaint qu'il est trop court, parce qu'en finissant il se sépare de son adorable bergère; et, de cette première vue, de ce premier moment, il emporte chez lui tout ce qu'un amour de plusieurs années peut avoir de plus violent. Le voilà aussitôt à sentir tous les maux de l'absence; et il est tourmenté de ne plus voir ce qu'il a si peu vu. Il fait tout ce qu'il peut pour se redonner cette vue dont il conserve nuit et jour une si chère idée; mais la grande contrainte où l'on tient sa bergère lui en ôte tous les moyens. La violence de sa passion le fait résoudre à demander en mariage l'adorable beauté sans laquelle il ne peut plus vivre; et il en obtient d'elle la permission par un billet qu'il a l'adresse de lui faire tenir. Mais dans le même temps on l'avertit que le père de cette belle a conclu son mariage avec un autre, et que tout se dispose pour en célébrer la cérémonie. Jugez quelle atteinte cruelle au cœur de ce triste berger. Le voilà accablé d'une mortelle douleur; il ne peut souffrir l'effroyable idée de voir tout ce qu'il aime entre les bras d'un autre; et son amour au désespoir lui fait trouver moyen de s'introduire dans la maison de sa bergère pour apprendre ses sentiments et savoir d'elle la destinée à laquelle il doit se résoudre. Il y rencontre les apprêts de tout ce qu'il craint : il y voit venir l'indigne rival que le caprice d'un père oppose aux tendresses de son amour; il le voit triomphant, ce rival ridicule, auprès de l'aimable bergère, ainsi qu'auprès d'une conquête qui lui est assurée; et cette vue le remplit d'une colère dont il a peine à se rendre le maître. Il jette de douloureux regards sur celle qu'il adore; et son respect et la présence de son père l'empêchent de lui rien dire que des yeux. Mais enfin il force toute contrainte, et le transport de son amour l'oblige à lui parler ainsi :

(*Il chante.*)

Belle Philis, c'est trop, c'est trop souffrir;
Rompons ce dur silence, et m'ouvrez vos pensées.

ACTE II, SCÈNE XI.
LOUISON. — Ah! mon papa, votre petit doigt est un menteur.

Apprenez-moi ma destinée :
Faut-il vivre? faut-il mourir?

ANGÉLIQUE *en chantant.* Vous me voyez, Tircis, triste et mélancolique
Aux apprêts de l'hymen dont vous vous alarmez.
Je lève au ciel les yeux, je vous regarde, je soupire,
C'est vous en dire assez.

ARGAN. — Ouais! je ne croyais pas que ma fille fût si habile que de chanter ainsi à livre ouvert sans hésiter.

CLÉANTE. Hélas! belle Philis,

Se pourrait-il que l'amoureux Tircis
Eût assez de bonheur
Pour avoir quelque place dans votre cœur?

ANGÉLIQUE. Je ne m'en défends point; dans cette peine extrême,
Oui, Tircis, je vous aime.

CLÉANTE. O parole pleine d'appas!
Ai-je bien entendu? Hélas!
Redites-la, Philis, que je n'en doute pas.

ANGÉLIQUE. Oui, Tircis, je vous aime.

CLÉANTE. De grâce, encor, Philis.

ANGÉLIQUE. Je vous aime.

CLÉANTE. Recommencez cent fois, ne vous en lassez pas.

ANGÉLIQUE. Je vous aime, je vous aime;
Oui, Tircis, je vous aime.

CLÉANTE. Dieux, rois, qui sous vos pieds regardez tout le monde,
Pouvez-vous comparer votre bonheur au mien?
Mais, Philis, une pensée
Vient troubler ce doux transport.
Un rival, un rival....

ANGÉLIQUE. Ah! je le hais plus que la mort;
Et sa présence, ainsi qu'à vous,
M'est un cruel supplice.

CLÉANTE. Mais un père à ses vœux vous veut assujettir.

ANGÉLIQUE. Plutôt, plutôt mourir,
Que de jamais y consentir.
Plutôt, plutôt mourir, plutôt mourir.

ARGAN. — Et que dit le père à tout cela?

CLÉANTE. — Il ne dit rien.

ARGAN. — Voilà un sot père que ce père-là, de souffrir toutes ces sottises-là sans rien dire.

CLÉANTE *voulant continuer à chanter.*
Ah! mon amour....

ARGAN. — Non, non, en voilà assez. Cette comédie-là est de fort mauvais exemple. Le berger Tircis est un impertinent, et la bergère Philis une impudente de parler de la sorte devant son père. (*A Angélique.*) Montrez-moi ce papier. Ah! ah! où sont donc les paroles que vous dites? Il n'y a là que de la musique écrite.

CLÉANTE. — Est-ce que vous ne savez pas, monsieur, qu'on a trouvé depuis peu l'invention d'écrire les paroles avec les notes mêmes?

ARGAN. — Fort bien. Je suis votre serviteur, monsieur; jusqu'au revoir. Nous nous serions bien passés de votre impertinent opéra.

CLÉANTE. — J'ai cru vous divertir.

ARGAN. — Les sottises ne divertissent point. Ah! voici ma femme.

SCÈNE VII.

BÉLINE, ARGAN, ANGÉLIQUE, M. DIAFOIRUS, THOMAS DIAFOIRUS, TOINETTE.

ARGAN. — M'amour, voilà le fils de monsieur Diafoirus.

THOMAS DIAFOIRUS. — Madame, c'est avec justice que le ciel vous a concédé le nom de belle-mère, puisque l'on voit sur votre visage...

BÉLINE. — Monsieur, je suis ravie d'être venue ici à propos pour avoir l'honneur de vous voir.

THOMAS DIAFOIRUS. — Puisque l'on voit sur votre visage.... puisque l'on voit sur votre visage... Madame, vous m'avez interrompu dans le milieu de ma période, et cela m'a troublé la mémoire.

M. DIAFOIRUS. — Thomas, réservez cela pour une autre fois.

ARGAN. — Je voudrais, m'amie, que vous eussiez été ici tantôt.

TOINETTE. — Ah! madame, vous avez bien perdu de n'avoir point été au second père, à la statue de Memnon et à la fleur nommée héliotrope.

ARGAN. — Allons, ma fille, touchez dans la main de monsieur, et lui donnez votre foi comme à votre mari.

ANGÉLIQUE. — Mon père!...

ARGAN. — Hé bien! mon père? qu'est-ce que cela veut dire?

ANGÉLIQUE. — De grâce, ne précipitez point les choses. Donnez-nous au moins le temps de nous connaître et de voir naître en nous l'un pour l'autre cette inclination si nécessaire à composer une union parfaite.

THOMAS DIAFOIRUS. — Quant à moi, mademoiselle, elle est déjà toute née en moi; et je n'ai pas besoin d'attendre davantage.

ANGÉLIQUE. — Si vous êtes si prompt, monsieur, il n'en est pas de même de moi; et je vous avoue que votre mérite n'a pas encore fait assez d'impression dans mon âme.

ARGAN. — Oh! bien! bien! cela aura tout le loisir de se faire quand vous serez mariés ensemble.

ANGÉLIQUE. — Hé! mon père, donnez-moi du temps, je vous prie. Le mariage est une chaîne où l'on ne doit jamais soumettre un cœur par force; et, si monsieur est honnête homme, il ne doit point vouloir accepter une personne qui serait à lui par contrainte.

THOMAS DIAFOIRUS. — *Nego consequentiam*, mademoiselle; et je puis être honnête homme, et vouloir bien vous accepter des mains de monsieur votre père.

ANGÉLIQUE. — C'est un méchant moyen de se faire aimer de quelqu'un que de lui faire violence.

THOMAS DIAFOIRUS. — Nous lisons des anciens, mademoiselle, que leur coutume était d'enlever par force de la maison des pères les filles qu'on menait marier, afin qu'il ne semblât pas que ce fût de leur consentement qu'elles convolaient dans les bras d'un homme.

ANGÉLIQUE. — Les anciens, monsieur, sont les anciens, et nous sommes les gens de maintenant. Les grimaces ne sont point nécessaires dans notre siècle; et, quand un mariage nous plaît, nous savons fort bien y aller sans qu'on nous y traîne. Donnez-vous patience; si vous m'aimez, monsieur, vous devez vouloir tout ce que je veux.

THOMAS DIAFOIRUS — Oui, mademoiselle, jusqu'aux intérêts de mon amour exclusivement.

ANGÉLIQUE. — Mais la grande marque d'amour, c'est d'être soumis aux volontés de celle qu'on aime.

THOMAS DIAFOIRUS. — *Distinguo*, mademoiselle. Dans ce qui ne regarde point sa possession, *concedo;* mais dans ce qui la regarde, *nego.*

TOINETTE *à Angélique.* — Vous avez beau raisonner; monsieur est frais émoulu du collége, et il vous donnera toujours votre reste. Pourquoi tant résister, et refuser la gloire d'être attachée au corps de la faculté?

BÉLINE. — Elle a peut-être quelque inclination en tête.

ANGÉLIQUE. — Si j'en avais, madame, elle serait telle que la raison et l'honnêteté pourraient me la permettre.

ARGAN. — Ouais! je joue ici un plaisant personnage!

BÉLINE. — Si j'étais que de vous, mon fils, je ne la forcerais point à se marier; et je sais bien ce que je ferais.

ANGÉLIQUE. — Je sais, madame, ce que vous voulez dire et les bontés que vous avez pour moi; mais peut-être que vos conseils ne seront pas assez heureux pour être exécutés.

BÉLINE. — C'est que les filles bien sages et bien honnêtes comme vous se moquent d'être obéissantes et soumises aux volontés de leur père. Cela était bon autrefois.

ANGÉLIQUE. — Le devoir d'une fille a des bornes, madame; et la raison et les lois ne l'étendent point à toutes sortes de choses.

BÉLINE. — C'est-à-dire que vos pensées ne sont que pour le mariage; mais vous voulez choisir un époux à votre fantaisie.

ANGÉLIQUE. — Si mon père ne veut pas me donner un mari qui me plaise, je le conjurerai au moins de ne me point forcer à en épouser un que je ne puisse pas aimer.

ARGAN. — Messieurs, je vous demande pardon de tout ceci.

ANGÉLIQUE. — Chacun a son but en se mariant. Pour moi, qui ne veux un mari que pour l'aimer véritablement, et qui prétends en faire tout l'attachement de ma vie, je vous avoue que j'y cherche quelque précaution. Il y en a d'aucunes qui prennent des maris seulement pour se tirer de la contrainte de leurs parents et se mettre en état de faire tout ce qu'elles voudront. Il y en a d'autres, madame, qui font du mariage un commerce de pur intérêt, qui ne se marient que pour gagner des douaires, que pour s'enrichir par la mort de ceux qu'elles épousent, et courent sans scrupule de mari en mari pour s'approprier leurs dépouilles. Ces personnes-là, à la vérité, n'y cherchent pas tant de façons et regardent peu la personne.

BÉLINE. — Je vous trouve aujourd'hui bien raisonnante, et je voudrais bien savoir ce que vous voulez dire par là.

ANGÉLIQUE. — Moi, madame? que voudrais-je dire que ce que je dis?

BÉLINE. — Vous êtes si sotte, m'amie, qu'on ne saurait plus vous souffrir.

ANGÉLIQUE. — Vous voudriez bien, madame, m'obliger à vous répondre quelque impertinence; mais je vous avertis que vous n'aurez pas cet avantage.

BÉLINE. — Il n'est rien d'égal à votre insolence.

ANGÉLIQUE. — Non, madame, vous avez beau dire.

BÉLINE. — Et vous avez un ridicule orgueil, une impertinente présomption, qui fait hausser les épaules à tout le monde.

ANGÉLIQUE. — Tout cela, madame, ne servira de rien; je serai sage en dépit de vous; et, pour vous ôter l'espérance de pouvoir réussir dans ce que vous voulez, je vais m'ôter de votre vue.

SCÈNE VIII.

ARGAN, BÉLINE, M. DIAFOIRUS, THOMAS DIAFOIRUS, TOINETTE.

ARGAN *à Angélique, qui sort.* — Ecoute, il n'y a point de milieu à cela : choisis d'épouser dans quatre jours ou monsieur ou un couvent. (*A Béline.*) Ne vous mettez pas en peine, je la rangerai bien.

BÉLINE. — Je suis fâchée de vous quitter, mon fils; mais j'ai une affaire en ville dont je ne puis me dispenser. Je reviendrai bientôt.

ARGAN. — Allez, m'amour; et passez chez votre notaire, afin qu'il expédie ce que vous savez.

BÉLINE. — Adieu, mon petit ami.

ARGAN. — Adieu, m'amie.

SCÈNE IX.

ARGAN, M. DIAFOIRUS, THOMAS DIAFOIRUS, TOINETTE.

ARGAN. — Voilà une femme qui m'aime... Cela n'est pas croyable.

M. DIAFOIRUS. — Nous allons, monsieur, prendre congé de vous.

ARGAN. — Je vous prie, monsieur, de me dire un peu comment je suis.

M. DIAFOIRUS *tâtant le pouls d'Argan.* — Allons, Thomas, prenez l'autre bras de monsieur, pour voir si vous saurez porter un bon jugement de son pouls. *Quid dicis?*

THOMAS DIAFOIRUS. — *Dico* que le pouls de monsieur est le pouls d'un homme qui ne se porte point bien.

M. DIAFOIRUS. — Bon.

THOMAS DIAFOIRUS. — Qu'il est duriuscule, pour ne pas dire dur.

M. DIAFOIRUS. — Fort bien.

THOMAS DIAFOIRUS. — Repoussant.

M. DIAFOIRUS. — *Benè.*

THOMAS DIAFOIRUS. — Et même un peu capricant.

M. DIAFOIRUS. — *Optimè.*

THOMAS DIAFOIRUS. — Ce qui marque une intempérie dans le *parenchyme splénique*, c'est-à-dire la rate.

M. DIAFOIRUS. — Fort bien.

ARGAN. — Non; monsieur Purgon dit que c'est mon foie qui est malade.

M. DIAFOIRUS. — Eh! oui : qui dit *parenchyme* dit l'un et l'autre, à cause de l'étroite sympathie qu'ils ont ensemble par le moyen du *vas breve*, du *pylore*, et souvent des *méats cholidoques*. Il vous ordonne sans doute de manger force rôti?

ARGAN. — Non, rien que du bouilli.

M. DIAFOIRUS. — Eh! oui : rôti, bouilli, même chose. Il vous ordonne fort prudemment, et vous ne pouvez être en de meilleures mains.

ARGAN. — Monsieur, combien est-ce qu'il faut mettre de grains de sel dans un œuf?

M. DIAFOIRUS. — Six, huit, dix, par les nombres pairs, comme dans les médicaments par les nombres impairs.

ARGAN. — Jusqu'au revoir, monsieur.

SCÈNE X.

BÉLINE, ARGAN.

BÉLINE. — Je viens, mon fils, avant que de sortir, vous donner avis d'une chose à laquelle il faut que vous preniez garde. En passant par-devant la chambre d'Angélique, j'ai vu un jeune homme avec elle, qui s'est sauvé d'abord qu'il m'a vue.

ARGAN. — Un jeune homme avec ma fille?

BÉLINE. — Oui. Votre petite fille Louison était avec eux, qui pourra vous en dire des nouvelles.

ARGAN. — Envoyez-la ici, m'amour, envoyez-la ici. Ah! l'effrontée! (*Seul.*) Je ne m'étonne plus de sa résistance.

SCÈNE XI.

ARGAN, LOUISON.

LOUISON. — Qu'est-ce que vous me voulez, mon papa? Ma belle-maman m'a dit que vous me demandez.

ARGAN. — Oui, venez çà; avancez là. Tournez-vous. Levez les yeux. Regardez-moi. Hé?

LOUISON. — Quoi, mon papa?

ARGAN. — Là?

LOUISON. — Quoi?

ARGAN. — N'avez-vous rien à me dire?

LOUISON. — Je vous dirai, si vous voulez, pour vous désennuyer, le conte de Peau-d'âne, ou bien la fable du Corbeau et du Renard, qu'on m'a apprise depuis peu.

ARGAN. — Ce n'est pas cela que je demande.

LOUISON. — Quoi donc?

ARGAN. — Ah! rusée, vous savez bien ce que je veux dire?

LOUISON. — Pardonnez-moi, mon papa.

ARGAN. — Est-ce là comme vous m'obéissez?

LOUISON. — Quoi?

ARGAN. — Ne vous ai-je pas recommandé de me venir dire d'abord tout ce que vous voyez?

LOUISON. — Oui, mon papa.

ARGAN. — L'avez-vous fait?

LOUISON. — Oui, mon papa. Je vous suis venue dire tout ce que j'ai vu.

ARGAN. — Et n'avez-vous rien vu aujourd'hui?

LOUISON. — Non, mon papa.

ARGAN. — Non?

LOUISON. — Non, mon papa.

ARGAN. — Assurément?

LOUISON. — Assurément.

ARGAN. — Oh çà! je m'en vais vous faire voir quelque chose, moi.

LOUISON *voyant une poignée de verges qu'Argan a été prendre.* — Ah! mon papa!

ARGAN. — Ah! ah! petite masque, vous ne me dites pas que vous avez vu un homme dans la chambre de votre sœur!

LOUISON *pleurant.* — Mon papa!

ARGAN *prenant Louison par le bras.* — Voici qui vous apprendra à mentir.

LOUISON *se jetant à genoux.* — Ah! mon papa, je vous demande pardon. C'est que ma sœur m'avait dit de ne pas vous le dire : mais je m'en vais vous dire tout.

ARGAN. — Il faut premièrement que vous ayez le fouet pour avoir menti. Puis après nous verrons au reste.

LOUISON. — Pardon, mon papa.

ARGAN. — Non, non.

LOUISON. — Mon pauvre papa, ne me donnez pas le fouet.

ARGAN. — Vous l'aurez.

LOUISON. — Au nom de Dieu, mon papa, que je ne l'aie pas!

ARGAN *voulant la fouetter.* — Allons, allons!

LOUISON. — Ah! mon papa, vous m'avez blessée. Attendez, je suis morte. (*Elle contrefait la morte.*)

ARGAN. — Holà! qu'est-ce là? Louison, Louison! Ah! mon Dieu! Louison! Ah! ma fille! Ah! malheureux! ma pauvre fille est morte! Qu'ai-je fait, misérable? Ah! chiennes de verges! La peste soit des verges! Ah! ma pauvre fille! ma pauvre petite Louison!

LOUISON. — La, la, mon papa, ne pleurez point tant; je ne suis pas morte tout à fait.

ARGAN. — Voyez-vous la petite rusée! Oh çà, çà, je vous pardonne pour cette fois-ci, pourvu que vous me disiez bien tout.

LOUISON. — Oh! oui, mon papa.

ARGAN. — Prenez-y bien garde au moins : car voilà un petit doigt qui sait tout, qui me dira si vous mentez.

LOUISON. — Mais, mon papa, ne dites pas à ma sœur que je vous l'ai dit.

ARGAN. — Non, non.

LOUISON *après avoir regardé si personne n'écoute.* — C'est, mon papa, qu'il est venu un homme dans la chambre de ma sœur comme j'y étais.

ARGAN. — Hé bien?

LOUISON. — Je lui ai demandé ce qu'il demandait, et il m'a dit qu'il était son maître à chanter.

ARGAN *à part.* — Hom! hom! voilà l'affaire. (*A Louison.*) Hé bien?

LOUISON. — Ma sœur est venue après.

ARGAN. — Hé bien?

LOUISON. — Elle lui a dit: Sortez, sortez, sortez. Mon Dieu! sortez; vous me mettez au désespoir.

ARGAN. — Hé bien?

LOUISON. — Et lui ne voulait pas sortir.

ARGAN. — Qu'est-ce qu'il lui disait?

LOUISON. — Il lui disait je ne sais combien de choses.

ARGAN. — Et quoi encore?

LOUISON. — Il lui disait tout-ci, tout-ça, qu'il l'aimait bien, et qu'elle était la plus belle du monde.

ARGAN. — Et puis après?

LOUISON. — Et puis après, il se mettait à genoux devant elle.

ARGAN. — Et puis après?

LOUISON. — Et puis après, il lui baisait les mains.

ARGAN. — Et puis après?

LOUISON. — Et puis après, ma belle-maman est venue à la porte, et il s'est enfui.

ARGAN. — Il n'y a point autre chose?

LOUISON. — Non, mon papa.

ARGAN. — Voilà mon petit doigt pourtant qui gronde quelque chose. (*Mettant son doigt à son oreille.*) Attendez. Hé! Ah! ah! Oui? Oh! oh! voilà mon petit doigt qui me dit quelque chose que vous avez vu et que vous ne m'avez pas dit.

LOUISON. — Ah! mon papa, votre petit doigt est un menteur.

ARGAN. — Prenez garde.

LOUISON. — Non, mon papa, ne le croyez pas; il ment, je vous assure.

ARGAN. — Oh bien! bien! nous verrons cela. Allez-vous-en, et prenez bien garde à tout; allez. (*Seul.*) Ah! il n'y a plus d'enfants! Ah! que d'affaires! je n'ai pas seulement le loisir de songer à ma maladie. En vérité, je n'en puis plus. (*Il se laisse tomber dans sa chaise.*)

SCÈNE XII.

BÉRALDE, ARGAN.

BÉRALDE. — Hé bien! mon frère, qu'est-ce? Comment vous portez-vous?

ARGAN. — Ah! mon frère, fort mal.

BÉRALDE. — Comment fort mal?

ARGAN. — Oui. Je suis dans une faiblesse si grande, que cela n'est pas croyable.

BÉRALDE. — Voilà qui est fâcheux.

ARGAN. — Je n'ai pas seulement la force de pouvoir parler.

BÉRALDE. — J'étais venu ici, mon frère, vous proposer un parti pour ma nièce Angélique.

ARGAN *parlant avec emportement et se levant de sa chaise.* — Mon frère, ne me parlez point de cette coquine-là. C'est une friponne, une impertinente, une effrontée, que je mettrai dans un couvent avant qu'il soit deux jours.

BÉRALDE. — Ah! voilà qui est bien! Je suis bien aise que la force vous revienne un peu, et que ma visite vous fasse du bien. Oh çà! nous parlerons d'affaires tantôt. Je vous amène ici un divertissement que j'ai rencontré, qui dissipera votre chagrin, et vous rendra l'âme mieux disposée aux choses que nous avons à dire. Ce sont des Egyptiens vêtus en Maures, qui font des danses mêlées de chansons, où je suis sûr que vous prendrez plaisir; et cela vaudra bien une ordonnance de monsieur Purgon. Allons.

DEUXIÈME INTERMÈDE.

UNE ÉGYPTIENNE CHANTANTE, UN ÉGYPTIEN CHANTANT, ÉGYPTIENS ET ÉGYPTIENNES DANSANTS, *vêtus en Maures et portant des singes.*

UNE ÉGYPTIENNE. Profitez du printemps
De vos beaux ans,
Aimable jeunesse;
Profitez du printemps
De vos beaux ans;
Donnez-vous à la tendresse.

Les plaisirs les plus charmants
Sans l'amoureuse flamme,
Pour contenter une âme
N'ont point d'attraits assez puissants.

Profitez du printemps
De vos beaux ans,
Aimable jeunesse;
Profitez du printemps
De vos beaux ans;
Donnez-vous à la tendresse.

Ne perdez point ces précieux moments:
La beauté passe,
Le temps l'efface;
L'âge de glace
Vient à sa place,
Qui nous ôte le goût de ces doux passe-temps.

Profitez du printemps
De vos beaux ans,
Aimable jeunesse;
Profitez du printemps
De vos beaux ans;
Donnez-vous à la tendresse.

PREMIÈRE ENTRÉE DE BALLET.

Danse des Egyptiens et des Egyptiennes.

UN ÉGYPTIEN. Quand d'aimer on vous presse,
A quoi songez-vous?
Nos cœurs, dans la jeunesse,
N'ont vers la tendresse
Qu'un penchant trop doux.
L'amour a, pour nous prendre,
De si doux attraits,
Que de soi, sans attendre,
On voudrait se rendre
A ses premiers traits;
Mais tout ce qu'on écoute
Des vives douleurs
Et des pleurs qu'il nous coûte
Fait qu'on en redoute
Toutes les douceurs.
(A l'Egyptienne.)
Il est doux à votre âge,
D'aimer tendrement
Un amant
Qui s'engage:
Mais s'il est volage,
Hélas! quel tourment!

L'ÉGYPTIENNE. L'amant qui se dégage
N'est pas le malheur;
La douleur
Et la rage,
C'est que le volage
Garde notre cœur.

L'ÉGYPTIEN. Quel parti faut-il prendre
Pour nos jeunes cœurs?

L'ÉGYPTIENNE. Faut-il nous en défendre
Et fuir ses douceurs?

L'ÉGYPTIEN. Devons-nous nous y rendre
Malgré ses rigueurs?

TOUS DEUX ENSEMBLE. Oui, suivons ses ardeurs,
Ses transports, ses caprices,
Ses douces langueurs:
S'il a quelques supplices,
Il a cent délices
Qui charment les cœurs.

DEUXIÈME ENTRÉE DE BALLET.

Les Egyptiens et les Egyptiennes dansent et font sauter des singes qu'ils ont amenés avec eux.

ACTE TROISIÈME.

SCÈNE I.

BÉRALDE, ARGAN, TOINETTE.

BÉRALDE. — Hé bien! mon frère, qu'en dites-vous? Cela ne vaut-il pas bien une prise de casse?

TOINETTE. — Hom! de bonne casse est bonne.

BÉRALDE. —Oh çà! voulez-vous que nous parlions un peu ensemble?

ARGAN. — Un peu de patience, mon frère; je vais revenir.

TOINETTE. — Tenez, monsieur; vous ne songez pas que vous ne sauriez marcher sans bâton.

ARGAN. — Tu as raison.

SCÈNE II.

BÉRALDE, TOINETTE.

TOINETTE. —N'abandonnez pas, s'il vous plaît, les intérêts de votre nièce.

BÉRALDE. — J'emploierai toutes choses pour lui obtenir ce qu'elle souhaite.

TOINETTE. — Il faut absolument empêcher ce mariage extravagant qu'il s'est mis dans la fantaisie; et j'avais songé en moi-même que ç'aurait été une bonne affaire de pouvoir introduire ici un médecin à notre poste, pour le dégoûter de son monsieur Purgon, et lui décrier sa conduite. Mais comme nous n'avons personne en main pour cela, j'ai résolu de jouer un tour de ma tête.

BÉRALDE. — Comment?

TOINETTE. — C'est une imagination burlesque. Cela sera peut-être plus heureux que sage. Laissez-moi faire. Agissez de votre côté. Voici notre homme.

SCÈNE III.

ARGAN, BÉRALDE.

BÉRALDE. — Vous voulez bien, mon frère, que je vous demande, avant toute chose, de ne vous point échauffer l'esprit dans notre conversation...

ARGAN. — Voilà qui est fait.

BÉRALDE. — De répondre sans nulle aigreur aux choses que je pourrai vous dire...

ARGAN. — Oui.

BÉRALDE. — Et de raisonner ensemble, sur les affaires dont nous avons à parler, avec un esprit détaché de toute passion.

ARGAN. — Mon Dieu! oui. Voilà bien du préambule.

BÉRALDE. — D'où vient, mon frère, qu'ayant le bien que vous avez, et n'ayant d'enfants qu'une fille, car je ne compte pas la petite; d'où vient, dis-je, que vous parlez de la mettre dans un convent?

ARGAN. — D'où vient, mon frère? que je suis maître dans ma famille, pour faire ce que bon me semble.

BÉRALDE. — Votre femme ne manque pas de vous conseiller de vous défaire ainsi de vos deux filles; et je ne doute point que, par un esprit de charité, elle ne fût ravie de les voir toutes deux bonnes religieuses.

ARGAN. — Oh çà, nous y voici. Voilà d'abord la pauvre femme en jeu: c'est elle qui fait tout le mal, et tout le monde lui en veut.

BÉRALDE. — Non, mon frère, laissons-la là: c'est une femme qui a les meilleures intentions du monde pour votre famille, et qui est détachée de toute sorte d'intérêt; qui a pour vous une tendresse merveilleuse, et qui montre pour vos enfants une affection et une bonté qui n'est pas concevable, cela est certain. N'en parlons point, et revenons à votre fille. Sur quelle pensée, mon frère, la voulez-vous donner en mariage au fils d'un médecin?

ARGAN. — Sur la pensée, mon frère, de me donner un gendre tel qu'il me faut.

BÉRALDE. — Ce n'est point là, mon frère, le fait de votre fille; et il se présente un parti plus sortable pour elle.

ARGAN. — Oui; mais celui-ci, mon frère, est plus sortable pour moi.

BÉRALDE. — Mais le mari qu'elle doit prendre doit-il être, mon frère, ou pour elle, ou pour vous?

ARGAN. — Il doit être, mon frère, et pour elle et pour moi; et je veux mettre dans ma famille les gens dont j'ai besoin.

BÉRALDE. — Par cette raison-là, si votre petite était grande, vous lui donneriez en mariage un apothicaire.

ARGAN. — Pourquoi non?

BÉRALDE. — Est-il possible que vous serez toujours embéguiné de vos apothicaires et de vos médecins, et que vous vouliez être malade en dépit des gens et de la nature!

ARGAN. — Comment l'entendez-vous, mon frère?

BÉRALDE. — J'entends, mon frère, que je ne vois point d'homme qui soit moins malade que vous, et que je ne demanderais point une meilleure constitution que la vôtre. Une grande marque que vous vous portez bien et que vous avez un corps parfaitement bien composé, c'est qu'avec tous les soins que vous avez pris vous n'avez pu parvenir encore à gâter la bonté de votre tempérament, et que vous n'êtes point crevé de toutes les médecines qu'on vous a fait prendre.

ARGAN. Mais savez-vous, mon frère, que c'est cela qui me conserve; et que M. Purgon dit que je succomberais, s'il était seulement trois jours sans prendre soin de moi?

BÉRALDE. — Si vous n'y prenez garde, il prendra tant de soin de vous, qu'il vous enverra dans l'autre monde.

ARGAN. — Mais raisonnons un peu, mon frère. Vous ne croyez donc point à la médecine?

BÉRALDE. — Non, mon frère; et je ne vois pas que, pour son salut, il soit nécessaire d'y croire.

ARGAN. — Quoi! vous ne tenez pas véritable une chose établie par tout le monde, et que tous les siècles ont révérée?

BÉRALDE. — Bien loin de la tenir véritable, je la trouve, entre nous, une des plus grandes folies qui soient parmi les hommes; et, à regarder les choses en philosophe, je ne vois point de plus plaisante momerie, je ne vois rien de plus ridicule, qu'un homme qui se veut mêler d'en guérir un autre.

ARGAN. — Pourquoi ne voulez-vous pas, mon frère, qu'un homme en puisse guérir un autre?

BÉRALDE. — Par la raison, mon frère, que les ressorts de notre machine sont des mystères jusqu'ici où les hommes ne voient goutte, et que la nature nous a mis au-devant des yeux des voiles trop épais pour y connaître quelque chose.

ARGAN. — Les médecins ne savent donc rien, à votre compte?

BÉRALDE. — Si fait, mon frère : ils savent la plupart de fort belles humanités, savent parler en beau latin, savent nommer en grec toutes les maladies, les définir et les diviser; mais pour ce qui est de les guérir, c'est ce qu'ils ne savent point du tout.

ARGAN. — Mais toujours faut il demeurer d'accord que, sur cette matière, les médecins en savent plus que les autres.

BÉRALDE. — Ils savent, mon frère, ce que je vous ai dit, qui ne guérit pas de grand'chose; et toute l'excellence de leur art consiste en un pompeux galimatias, en un spécieux babil, qui vous donne des mots pour des raisons, et des promesses pour des effets.

ARGAN. — Mais enfin, mon frère, il y a des gens aussi sages et aussi habiles que vous; et nous voyons que dans la maladie tout le monde a recours aux médecins.

BÉRALDE. — C'est une marque de la faiblesse humaine, et non pas de la vérité de leur art.

ARGAN. — Mais il faut bien que les médecins croient leur art véritable, puisqu'ils s'en servent pour eux-mêmes.

BÉRALDE. — C'est qu'il y en a parmi eux qui sont eux-mêmes dans l'erreur populaire, dont ils profitent, et d'autres qui en profitent sans y être. Votre monsieur Purgon, par exemple, n'y fait point de finesse : c'est un homme tout médecin depuis la tête jusqu'aux pieds; un homme qui croit à ses règles plus qu'à toutes les démonstrations des mathématiques, et qui croirait du crime à les vouloir examiner; qui ne voit rien d'obscur dans la médecine, rien de douteux, rien de difficile; et qui, avec une impétuosité de prévention, une roideur de confiance, une brutalité de sens commun et de raison, donne au travers des purgations et des saignées, et ne balance aucune chose. Il ne lui faut point vouloir mal de tout ce qu'il pourra vous faire, c'est de la meilleure foi du monde qu'il vous expédiera; et il ne fera, en vous tuant, que ce qu'il a fait à sa femme et à ses enfants, et ce qu'en un besoin il ferait à lui-même.

ARGAN. — C'est que vous avez, mon frère, une dent de lait contre lui. Mais enfin venons au fait. Que faire donc quand on est malade?

BÉRALDE. — Rien, mon frère.

ARGAN. — Rien?

BÉRALDE. — Rien. Il ne faut que demeurer en repos. La nature d'elle-même, quand nous la laissons faire, se tire doucement du désordre où elle est tombée. C'est notre inquiétude, c'est notre impatience qui gâte tout; et presque tous les hommes meurent de leurs remèdes et non pas de leurs maladies.

ARGAN. — Mais il faut demeurer d'accord, mon frère, qu'on peut aider cette nature par de certaines choses.

BÉRALDE. — Mon Dieu! mon frère, ce sont pures idées dont nous aimons à nous repaître; et de tout temps il s'est glissé parmi les hommes de belles imaginations, que nous venons à croire parce qu'elles nous flattent; et qu'il serait à souhaiter qu'elles fussent véritables. Lorsqu'un médecin vous parle d'aider, de secourir, de soulager la nature, de lui ôter ce qui lui nuit et lui donner ce qui lui manque, de la rétablir et de la remettre dans une pleine facilité de ses fonctions; lorsqu'il vous parle de rectifier le sang, de tempérer les entrailles et le cerveau, de dégonfler la rate, de raccommoder la poitrine, de réparer le foie, de fortifier le cœur, de rétablir et conserver la chaleur naturelle, et d'avoir des secrets pour étendre la vie à de longues années, il vous dit justement le roman de la médecine. Mais quand vous en venez à la vérité et à l'expérience, vous ne trouvez rien de tout cela; et il en est comme de ces beaux songes qui ne vous laissent au réveil que le déplaisir de les avoir crus.

ARGAN. — C'est-à-dire que toute la science du monde est renfermée dans votre tête; et vous voulez en savoir plus que les grands médecins de notre siècle.

BÉRALDE. — Dans les discours et dans les choses, ce sont deux sortes de personnes que vos grands médecins : entendez-les parler; les plus habiles gens du monde : voyez-les faire; les plus ignorants de tous les hommes.

ARGAN. — Ouais! vous êtes un grand docteur, à ce que je vois; et je voudrais bien qu'il y eût ici quelqu'un de ces messieurs, pour rembarrer vos raisonnements et rabaisser votre caquet.

BÉRALDE. — Moi, mon frère, je ne prends point à tâche de combattre la médecine; et chacun, à ses péril et fortune, peut croire tout ce qu'il lui plaît. Ce que j'en dis n'est qu'entre nous; et j'aurais souhaité de pouvoir un peu vous tirer de l'erreur où vous êtes, et, pour vous divertir, vous mener voir sur ce chapitre quelqu'une des comédies de Molière.

ARGAN. — C'est un bon impertinent que votre Molière, avec ses comédies; et je le trouve bien plaisant d'aller jouer d'honnêtes gens comme les médecins.

BÉRALDE. — Ce ne sont point les médecins qu'il joue, mais le ridicule de la médecine.

ARGAN. — C'est bien à lui affaire de se mêler de contrôler la médecine! Voilà un bon nigaud, un bon impertinent, de se moquer des consultations et des ordonnances, de s'attaquer au corps des médecins, et d'aller mettre sur son théâtre des personnes vénérables comme ces messieurs-là!

BÉRALDE. — Que voulez-vous qu'il y mette que les diverses professions des hommes? On y met bien tous les jours les princes et les rois, qui sont d'aussi bonne maison que les médecins.

ARGAN. — Par la mort non de diable! si j'étais que des médecins, je me vengerais de son impertinence; et quand il sera malade, je le laisserais mourir sans secours. Il aurait beau faire et beau dire, je ne lui ordonnerais pas la moindre petite saignée, le moindre petit lavement; et je lui dirais : Crève, crève; cela t'apprendra une autre fois à te jouer à la faculté.

BÉRALDE. — Vous voilà bien en colère contre lui.

ARGAN. — Oui, c'est un malavisé; et si les médecins sont sages, ils feront ce que je dis.

BÉRALDE. — Il sera encore plus sage que vos médecins, car il ne leur demandera point de secours.

ARGAN. — Tant pis pour lui, s'il n'a point recours aux remèdes.

BÉRALDE. — Il a ses raisons pour n'en point vouloir, et il soutient que cela n'est permis qu'aux gens vigoureux et robustes, et qui ont des forces de reste pour porter les remèdes avec la maladie, mais que, pour lui, il n'a justement de la force que pour porter son mal.

ARGAN. — Les sottes raisons que voilà! Tenez, mon frère, ne parlons point de cet homme-là davantage, car cela m'échauffe la bile, et vous me donneriez mon mal.

BÉRALDE. — Je le veux bien, mon frère : et pour changer de discours, je vous dirai que, sur une petite répugnance que vous témoigne votre fille, vous ne devez point prendre les résolutions violentes de la mettre dans un couvent; que pour le choix d'un gendre il ne vous faut pas suivre aveuglément la passion qui vous emporte; et qu'on doit, sur cette matière, s'accommoder un peu à l'inclination d'une fille, puisque c'est pour toute la vie, et que de là dépend tout le bonheur d'un mariage.

SCÈNE IV.

M. FLEURANT *une seringue à la main*, ARGAN, BÉRALDE.

ARGAN. — Ah! mon frère, avec votre permission.

BÉRALDE. — Comment! que voulez-vous faire?

ARGAN. — Prendre ce petit lavement-là, ce sera bientôt fait.

BÉRALDE. — Vous vous moquez : est-ce que vous ne sauriez être un moment sans lavement ou sans médecine? Remettez cela à une autre fois, et demeurez un peu en repos.

ARGAN. — Monsieur Fleurant, à ce soir, ou à demain au matin.

M. FLEURANT *à Béralde.* — De quoi vous mêlez-vous de vous opposer aux ordonnances de la médecine, et d'empêcher monsieur de prendre mon clystère? Vous êtes bien plaisant d'avoir cette hardiesse-là!

BÉRALDE. Allez, monsieur, on voit bien que vous n'avez pas accoutumé de parler à des visages.

M. FLEURANT. — On ne doit point ainsi se jouer des remèdes et me faire perdre mon temps. Je ne suis venu ici que sur une bonne ordonnance; et je vais dire à monsieur Purgon comme on m'a empêché d'exécuter ses ordres et de faire ma fonction. Vous verrez, vous verrez.

SCÈNE V.

ARGAN, BÉRALDE.

ARGAN. — Mon frère, vous serez cause ici de quelque malheur.

BÉRALDE. — Le grand malheur de ne pas prendre un lavement que monsieur Purgon a ordonné! Encore un coup, mon frère, est-il possible qu'il n'y ait pas moyen de vous guérir de la maladie des médecins, et que vous vouliez être toute votre vie enseveli dans leurs remèdes!

ARGAN. — Mon Dieu! mon frère, vous en parlez comme un homme qui se porte bien; mais si vous étiez à ma place, vous changeriez bien de langage. Il est aisé de parler contre la médecine quand on est en pleine santé.

BÉRALDE. — Mais quel mal avez-vous?

ARGAN. — Vous me feriez enrager! Je voudrais que vous l'eussiez, mon mal, pour voir si vous jaseriez tant. Ah! voici monsieur Purgon.

SCÈNE VI.

M. PURGON, ARGAN, BÉRALDE, TOINETTE.

M. PURGON. — Je viens d'apprendre là-bas à la porte de jolies nouvelles; qu'on se moque ici de mes ordonnances, et qu'on a fait refus de prendre le remède que j'avais prescrit.

ARGAN. — Monsieur, ce n'est pas...

M. PURGON. — Voilà une hardiesse bien grande, une étrange rébellion d'un malade contre son médecin!

TOINETTE. — Cela est épouvantable.

M. PURGON. — Un clystère que j'avais pris plaisir à composer moi-même,

ARGAN. — Ce n'est pas moi...

M. PURGON. — Inventé et formé dans toutes les règles de l'art,

TOINETTE. — Il a tort.

M. PURGON. — Et qui devait faire dans des entrailles un effet merveilleux!

ARGAN. — Mon frère...

M. PURGON. — Le renvoyer avec mépris,

ARGAN *montrant Béralde.* — C'est lui...

M. PURGON. — C'est une action exorbitante,

TOINETTE. — Cela est vrai.

M. PURGON. — Un attentat énorme contre la médecine,

ARGAN *montrant Béralde.* — Il est cause...

M. PURGON. — Un crime de lèse-faculté qui ne se peut assez punir.

TOINETTE. — Vous avez raison.

M. PURGON. — Je vous déclare que je romps commerce avec vous;

ARGAN. — C'est mon frère...

M. PURGON. — Que je ne veux plus d'alliance avec vous;

TOINETTE. — Vous ferez bien.

M. PURGON. — Et que, pour finir toute liaison avec vous, voilà la donation que je faisais à mon neveu en faveur du mariage.

ARGAN. — C'est mon frère qui a fait tout le mal.

M. PURGON. — Mépriser mon clystère!

ARGAN. — Faites-le venir, je m'en vais le prendre.

M. PURGON. — Je vous aurais tiré d'affaire avant qu'il fût peu.

TOINETTE. — Il ne le mérite pas.

M. PURGON. — J'allais nettoyer votre corps et en évacuer entièrement les mauvaises humeurs;

ARGAN. — Ah! mon frère!

M. PURGON. — Et je ne voulais plus qu'une douzaine de médecines pour vider le fond du sac.

TOINETTE. — Il est indigne de vos soins.

M. PURGON. — Mais puisque vous n'avez pas voulu guérir par mes mains,

ARGAN. — Ce n'est pas ma faute.

M. PURGON. — Puisque vous vous êtes soustrait de l'obéissance que l'on doit à son médecin,

TOINETTE. — Cela crie vengeance.

M. PURGON. — Puisque vous vous êtes déclaré rebelle aux remèdes que je vous ordonnais,

ARGAN. — Hé! point du tout.

M. PURGON. — J'ai à vous dire que je vous abandonne à votre mauvaise constitution, à l'intempérie de vos entrailles, à la corruption de votre sang, à l'âcreté de votre bile et à la féculence de vos humeurs.

TOINETTE. — C'est fort bien fait.

ARGAN. — Mon Dieu!

M. PURGON. — Et je veux qu'avant qu'il soit quatre jours vous deveniez dans un état incurable;

ARGAN. — Ah! miséricorde!

M. PURGON. — Que vous tombiez dans la bradypepsie,

ARGAN. — Monsieur Purgon!

M. PURGON. — De la bradypepsie dans la dyspepsie,

ARGAN. — Monsieur Purgon!

M. PURGON. — De la dyspepsie dans l'apepsie,

ARGAN. — Monsieur Purgon!

M. PURGON. — De l'apepsie dans la lienterie,

ARGAN. — Monsieur Purgon!

M. PURGON. — De la lienterie dans la dyssenterie,

ARGAN. — Monsieur Purgon!

M. PURGON. — De la dyssenterie dans l'hydropisie,

ARGAN. — Monsieur Purgon!

M. PURGON. — Et de l'hydropisie dans la privation de la vie, ou vous aura conduit votre folie.

SCÈNE VII.

ARGAN, BÉRALDE.

ARGAN. — Ah! mon Dieu! je suis mort! Mon frère! vous m'avez perdu!

BÉRALDE. — Quoi? qu'y a-t-il?

ARGAN. — Je n'en puis plus. Je sens que déjà la médecine se venge.

BÉRALDE. — Ma foi, mon frère, vous êtes fou; et je ne voudrais pas pour beaucoup de choses qu'on vous vît faire ce que vous faites. Tâtez-vous un peu, je vous prie; revenez à vous-même, et ne donnez point tant à votre imagination.

ARGAN. — Vous voyez, mon frère, les étranges maladies dont il m'a menacé.

BÉRALDE. — Le simple homme que vous êtes!

ARGAN. — Il dit que je deviendrai incurable avant qu'il soit quatre jours.

BÉRALDE. — Et ce qu'il dit, que fait-il à la chose? Est-ce un oracle qui a parlé? Il semble, à vous entendre, que monsieur Purgon tienne dans ses mains le filet de vos jours, et que, d'autorité suprême, il vous l'allonge et vous le raccourcisse comme il lui plaît. Songez que les principes de votre vie sont en vous-même, et que le courroux de monsieur Purgon est aussi peu capable de vous faire mourir que ses remèdes de vous faire vivre. Voici une aventure, si vous voulez, à vous défaire des médecins; ou, si vous êtes né à ne pouvoir vous en passer, il est aisé d'en avoir un autre, avec lequel, mon frère, vous puissiez courir un peu moins de risque.

ARGAN. — Ah! mon frère, il sait tout mon tempérament et la manière dont il faut me gouverner.

BÉRALDE. — Il faut avouer que vous êtes un homme d'une grand prévention, et que vous voyez les choses avec d'étranges yeux.

SCÈNE VIII.

ARGAN, BÉRALDE, TOINETTE.

TOINETTE *à Argan.* — Monsieur, voilà un médecin qui demande à vous voir.

ARGAN. — Et quel médecin?

TOINETTE. — Un médecin de la médecine.

ARGAN. — Je te demande qui il est.

TOINETTE. — Je ne le connais pas, mais il me ressemble comme deux gouttes d'eau; et si je n'étais sûre que ma mère était honnête femme, je dirais que ce serait quelque petit frère qu'elle m'aurait donné depuis le trépas de mon père.

ARGAN. — Fais-le venir.

SCÈNE IX.

ARGAN, BÉRALDE.

BÉRALDE. — Vous êtes servi à souhait; un médecin vous quitte, un autre se présente.

ARGAN. — J'ai bien peur que vous ne soyez cause de quelque malheur.

BÉRALDE. — Encore! Vous en revenez toujours là.

ARGAN. — Voyez-vous, j'ai sur le cœur toutes ces maladies-là que je ne connais point, ces...

SCÈNE X.

ARGAN, BÉRALDE, TOINETTE *en médecin.*

TOINETTE. — Monsieur, agréez que je vienne vous rendre visite, et vous offrir mes petits services pour toutes les saignées et les purgations dont vous aurez besoin.

ARGAN. — Monsieur, je vous suis fort obligé. (*A Béralde.*) Par ma foi, voilà Toinette elle-même.

TOINETTE. — Monsieur, je vous prie de m'excuser, j'ai oublié de donner une commission à mon valet, je reviens tout à l'heure.

SCÈNE XI.

ARGAN, BÉRALDE.

ARGAN. — Hé! ne diriez-vous pas que c'est effectivement Toinette?

BÉRALDE. — Il est vrai que la ressemblance est tout à fait grande. Mais ce n'est pas la première fois qu'on a vu de ces sortes de choses, et les histoires ne sont pleines que de ces jeux de la nature.

ARGAN. — Pour moi, j'en suis surpris; et...

SCÈNE XII.

ARGAN, BÉRALDE, TOINETTE.

TOINETTE. — Que voulez-vous, monsieur?

ARGAN. — Comment?

TOINETTE. — Ne m'avez-vous pas appelée?

ARGAN. — Moi? non.

TOINETTE. — Il faut donc que les oreilles m'aient corné.

ARGAN. — Demeure un peu ici pour voir comme ce médecin te ressemble.

TOINETTE. — Oui, vraiment! j'ai affaire là-bas, et je l'ai assez vu.

SCÈNE XIII.

ARGAN, BÉRALDE.

ARGAN. — Si je ne les voyais tous deux, je croirais que ce n'est qu'un.

BÉRALDE. — J'ai lu des choses surprenantes de ces sortes de ressemblances; et nous en avons vu, de notre temps, où tout le monde s'est trompé.

ARGAN. — Pour moi, j'aurais été trompé à celle-là; et j'aurais juré que c'est la même personne.

SCÈNE XIV.

ARGAN, BÉRALDE, TOINETTE *en médecin.*

TOINETTE. — Monsieur, je vous demande pardon de tout mon cœur.

ARGAN *bas à Béralde.* — Cela est admirable.

TOINETTE. — Vous ne trouverez pas mauvais, s'il vous plaît, la curiosité que j'ai eue de voir un illustre malade comme vous êtes; et votre réputation, qui s'étend partout, peut excuser la liberté que j'ai prise.

ARGAN. — Monsieur, je suis votre serviteur.

TOINETTE. — Je vois, monsieur, que vous me regardez fixement. Quel âge croyez-vous bien que j'aie?

ARGAN. — Je crois que tout au plus vous pouvez avoir vingt-six ou vingt-sept ans.

TOINETTE. — Ah! ah! ah! ah! ah! J'en ai quatre-vingt-dix.

ARGAN. — Quatre-vingt-dix!

TOINETTE. — Oui. Vous voyez un effet des secrets de mon art, de me conserver ainsi frais et vigoureux.

ARGAN. — Par ma foi, voilà un beau jeune vieillard pour quatre-vingt-dix ans!

TOINETTE. — Je suis médecin passager qui vais de ville en ville, de province en province, de royaume en royaume, pour chercher d'illustres matières à ma capacité, pour trouver des malades dignes de m'occuper, capables d'exercer les grands et beaux secrets que j'ai trouvés dans la médecine. Je dédaigne de m'amuser à ce menu fatras de maladies ordinaires, à ces bagatelles de rhumatismes et de fluxions, à ces fièvrotes, à ces vapeurs et à ces migraines. Je veux des maladies d'importance, de bonnes fièvres continues avec des transports au cerveau, de bonnes fièvres pourprées, de bonnes pestes, de bonnes hydropisies formées, de bonnes pleurésies avec des inflammations de poitrine; c'est là que je me plais, c'est là que je triomphe; et je voudrais, monsieur, que vous eussiez toutes les maladies que je viens de dire, que vous fussiez abandonné de tous les médecins, désespéré, à l'agonie, pour vous montrer l'excellence de mes remèdes, et l'envie que j'aurais de vous rendre service.

ARGAN. — Je vous suis obligé, monsieur, des bontés que vous avez pour moi.

TOINETTE. — Donnez-moi votre pouls. Allons donc, que l'on batte comme il faut. Ah! je vous ferai bien aller comme vous devez. Ouais! ce pouls-là fait l'impertinent. Je vois bien que vous ne me connaissez pas encore. Qui est votre médecin?

ARGAN. — Monsieur Purgon.

TOINETTE. — Cet homme-là n'est point écrit sur mes tablettes entre les grands médecins. De quoi dit-il que vous êtes malade?

ARGAN. — Il dit que c'est du foie, et d'autres disent que c'est de la rate.

TOINETTE. — Ce sont tous des ignorants; c'est du poumon que vous êtes malade.

ARGAN. — Du poumon?

TOINETTE. — Oui. Que sentez-vous?

ARGAN. — Je sens de temps en temps des douleurs de tête.

TOINETTE. Justement, le poumon.

ARGAN. — Il me semble parfois que j'ai un voile devant les yeux.

TOINETTE. — Le poumon.

ARGAN. — J'ai quelquefois des maux de cœur.

TOINETTE. — Le poumon.

ARGAN. — Je sens parfois des lassitudes par tous les membres.

TOINETTE. — Le poumon.

ARGAN. — Et quelquefois il me prend des douleurs dans le ventre, comme si c'était des coliques.

TOINETTE. — Le poumon. Vous avez appétit à ce que vous mangez?

ARGAN. — Oui, monsieur.

TOINETTE. — Le poumon. Vous aimez à boire un peu de vin?

ARGAN. — Oui, monsieur.

TOINETTE. — Le poumon. Il vous prend un petit sommeil après le repas, et vous êtes bien aise de dormir?

ARGAN. — Oui, monsieur.

TOINETTE. — Le poumon, le poumon, vous dis-je. Que vous ordonne votre médecin pour votre nourriture?

ARGAN. — Il m'ordonne du potage,

TOINETTE. — Ignorant!

ARGAN. — De la volaille,

TOINETTE. — Ignorant!

ARGAN. — Du veau,

TOINETTE. — Ignorant!

ARGAN. — Des bouillons,

TOINETTE. — Ignorant!

ARGAN. — Des œufs frais,

TOINETTE. — Ignorant!

ARGAN. — Et le soir de petits pruneaux pour lâcher le ventre;

TOINETTE. — Ignorant!

ARGAN. — Et surtout de boire mon vin fort trempé.

TOINETTE. — *Ignorantus, ignoranta, ignorantum!* Il faut boire votre vin pur; et pour épaissir votre sang qui est trop subtil, il faut manger de bon gros bœuf, de bon gros porc, de bon fromage de Hollande, du gruau et du riz, et des marrons et des oublies, pour coller et conglutiner. Votre médecin est une bête. Je veux vous en envoyer un de ma main, et je viendrai vous voir de temps en temps, tandis que je serai en cette ville.

ARGAN. — Vous m'obligerez beaucoup.

TOINETTE. — Que diantre faites-vous de ce bras-là?

ARGAN. — Comment?

TOINETTE. — Voilà un bras que je me ferais couper tout à l'heure, si j'étais que de vous.

ARGAN. — Et pourquoi?

TOINETTE. — Ne voyez-vous pas qu'il tire à soi toute la nourriture, et qu'il empêche ce côté-là de profiter?

ARGAN. — Oui; mais j'ai besoin de mon bras.

TOINETTE. — Vous avez là aussi un œil droit que je me ferais crever, si j'étais en votre place.

ARGAN. — Crever un œil?

TOINETTE. — Ne voyez-vous pas qu'il incommode l'autre, et lui dérobe sa nourriture? Croyez-moi; faites-vous-le crever au plus tôt, vous en verrez plus clair de l'œil gauche.

ARGAN. — Cela n'est pas pressé.

TOINETTE. — Adieu. Je suis fâché de vous quitter sitôt; mais il faut que je me trouve à une grande consultation qui se doit faire pour un homme qui mourut hier.

ARGAN. — Pour un homme qui mourut hier?

TOINETTE. — Oui, pour aviser et voir ce qu'il aurait fallu lui faire pour le guérir. Jusqu'au revoir.

ARGAN. — Vous savez que les malades ne reconduisent point.

SCÈNE XV.

ARGAN, BÉRALDE.

BÉRALDE. — Voilà un médecin, vraiment, qui paraît fort habile.

ARGAN. — Oui; mais il va un peu bien vite.

BÉRALDE. — Tous les grands médecins sont comme cela.

ARGAN. — Me couper un bras et me crever un œil, afin que l'autre se porte mieux! J'aime bien mieux qu'il ne se porte pas si bien. La belle opération de me rendre borgne et manchot!

SCÈNE XVI.

ARGAN, BÉRALDE, TOINETTE.

TOINETTE *feignant de parler à quelqu'un.* — Allons, allons, je suis votre servante. Je n'ai pas envie de rire.

ARGAN. — Qu'est-ce que c'est?

TOINETTE. — Votre médecin, ma foi, qui me voulait tâter le pouls.

ARGAN. — Voyez un peu, à l'âge de quatre-vingt-dix ans!

BÉRALDE. — Oh çà, mon frère, puisque voilà votre monsieur Purgon brouillé avec vous, ne voulez-vous pas bien que je vous parle du parti qui s'offre pour ma nièce?

ARGAN. — Non, mon frère; je veux la mettre dans un couvent, puisqu'elle s'est opposée à mes volontés. Je vois bien qu'il y a quelque amourette là-dessous; et j'ai découvert certaine entrevue secrète qu'on ne sait pas que j'ai découverte.

BÉRALDE. — Hé bien, mon frère, quand il y aurait quelque petite inclination, cela serait-il criminel? et rien peut-il vous offenser, quand tout ne va qu'à des choses honnêtes, comme le mariage?

ARGAN. — Quoi qu'il en soit, mon frère, elle sera religieuse, c'est une chose résolue.

BÉRALDE. — Vous voulez faire plaisir à quelqu'un.

ARGAN. — Je vous entends. Vous en revenez toujours là, et ma femme vous tient au cœur.

BÉRALDE. — Hé bien! oui, mon frère, puisqu'il faut parler à cœur ouvert; c'est votre femme que je veux dire; et, non plus que l'entêtement de la médecine, je ne puis souffrir l'entêtement où vous êtes pour elle, et voir que vous donniez tête baissée dans tous les piéges qu'elle vous tend.

TOINETTE. — Ah! monsieur, ne parlez point de madame : c'est une femme sur laquelle il n'y a rien à dire, une femme sans artifice, et qui aime monsieur, qui l'aime... On ne peut pas dire cela.

ARGAN. — Demandez-lui un peu les caresses qu'elle me fait;

TOINETTE. — Cela est vrai.

ARGAN. — L'inquiétude que lui donne ma maladie;

TOINETTE. — Assurément.

ARGAN. — Et les soins et les peines qu'elle prend autour de moi.

TOINETTE. — Il est certain. (*A Béralde.*) Voulez-vous que je vous convainque, et vous fasse voir tout à l'heure comme madame aime monsieur? (*A Argan.*) Monsieur, souffrez que je lui montre son béjaune, et le tire d'erreur.

ARGAN. — Comment?

TOINETTE. — Madame s'en va revenir : mettez-vous tout étendu dans cette chaise, et contrefaites le mort; vous verrez la douleur où elle sera quand je lui dirai la nouvelle.

ARGAN. — Je le veux bien.

TOINETTE. — Oui; mais ne la laissez pas longtemps dans le désespoir, car elle en pourrait bien mourir.

ARGAN. — Laisse-moi faire.

TOINETTE *à Béralde.* — Cachez-vous, vous, dans ce coin-là.

SCÈNE XVII.

ARGAN, TOINETTE.

ARGAN. — N'y a-t-il point quelque danger à contrefaire le mort?

TOINETTE. — Non, non. Quel danger y aurait-il? Étendez-vous là seulement. Il y aura plaisir à confondre votre frère. Voici madame. Tenez-vous bien.

SCÈNE XVIII.

BÉLINE, ARGAN *étendu dans sa chaise*, TOINETTE.

TOINETTE *feignant de ne pas voir Béline.* — Ah! mon Dieu! Ah! malheur! Quel étrange accident!

BÉLINE. — Qu'est-ce, Toinette?

TOINETTE. — Ah! madame!

BÉLINE. — Qu'y a-t-il?

TOINETTE. — Votre mari est mort.

BÉLINE. — Mon mari est mort?

TOINETTE. — Hélas! oui, le pauvre défunt est trépassé.

BÉLINE. — Assurément?

TOINETTE. — Assurément. Personne ne sait encore cet accident-là; et je me suis trouvée ici toute seule. Il vient de passer entre mes bras. Tenez, le voilà tout de son long dans cette chaise.

BÉLINE. — Le ciel en soit loué! Me voilà délivrée d'un grand fardeau! Que tu es sotte, Toinette, de t'affliger de cette mort!

TOINETTE. — Je pensais, madame, qu'il fallût pleurer.

BÉLINE. — Va, va, cela n'en vaut pas la peine. Quelle perte est-ce que la sienne? et de quoi servait-il sur la terre? Un homme incommode à tout le monde, malpropre, dégoûtant; sans cesse un lavement ou une médecine dans le ventre; mouchant, toussant, crachant toujours, sans esprit, ennuyeux, de mauvaise humeur, fatiguant sans cesse les gens, et grondant jour et nuit servantes et valets.

TOINETTE. — Voilà une belle oraison funèbre!

BÉLINE. — Il faut, Toinette, que tu m'aides à exécuter mon dessein; et tu peux croire qu'en me servant ta récompense est sûre. Puisque, par un bonheur, personne n'est encore averti de la chose, portons-le dans son lit, et tenons cette mort cachée jusqu'à ce que j'aie fait mon affaire. Il y a des papiers, il y a de l'argent, dont je me veux saisir; et il n'est pas juste que j'aie passé sans fruit, auprès de lui, mes plus belles années. Viens, Toinette, prenons auparavant toutes ses clefs.

ARGAN *se levant brusquement.* — Doucement!

BÉLINE. — Ahi!

ARGAN. — Oui, madame ma femme, c'est ainsi que vous l'aimez!

TOINETTE. — Ah! ah! le défunt n'est pas mort!

ARGAN *à Béline qui sort.* — Je suis bien aise de voir votre amitié, et d'avoir entendu le beau panégyrique que vous avez fait de moi. Voilà un avis au lecteur, qui me rendra sage à l'avenir, et qui m'empêchera de faire bien des choses.

SCÈNE XIX.

BÉRALDE *sortant de l'endroit où il s'était caché*, ARGAN, TOINETTE.

BÉRALDE. — Hé bien! mon frère, vous le voyez.

TOINETTE. — Par ma foi, je n'aurais jamais cru cela. Mais j'entends votre fille : remettez-vous comme vous étiez, et voyons de quelle manière elle recevra votre mort. C'est une chose qu'il n'est pas mauvais d'éprouver; et puisque vous êtes en train, vous connaîtrez par là les sentiments que votre famille a pour vous.

(*Béralde va encore se cacher.*)

SCÈNE XX.

ARGAN, ANGÉLIQUE, TOINETTE.

TOINETTE *feignant de ne pas voir Angélique.* — O ciel! ah! fâcheuse aventure! malheureuse journée!

ANGÉLIQUE. — Qu'as-tu, Toinette? et de quoi pleures-tu?

TOINETTE. — Hélas! j'ai de tristes nouvelles à vous donner.

ANGÉLIQUE. — Hé! quoi?

TOINETTE. — Votre père est mort.

ANGÉLIQUE. — Mon père est mort, Toinette?

TOINETTE. — Oui. Vous le voyez là; il vient de mourir tout à l'heure d'une faiblesse qui lui a pris.

ANGÉLIQUE. — O ciel! quelle infortune! quelle atteinte cruelle! Hélas! faut-il que je perde mon père, la seule chose qui me restait au monde, et qu'encore, pour un surcroît de désespoir, je le perde dans un moment où il était irrité contre moi! que deviendrai-je, malheureuse! et quelle consolation trouver après une si grande perte?

SCÈNE XXI.

ARGAN, ANGÉLIQUE, CLÉANTE, TOINETTE.

CLÉANTE. — Qu'avez-vous donc, belle Angélique? et quel malheur pleurez-vous?

ANGÉLIQUE. — Hélas! je pleure tout ce que dans la vie je pouvais perdre de plus cher et de plus précieux : je pleure la mort de mon père.

CLÉANTE. — O ciel! quel accident! quel coup inopiné! Hélas! après la demande que j'avais conjuré votre oncle de lui faire pour moi, je venais me présenter à lui, et tâcher, par mes respects et par mes prières, de disposer son cœur à vous accorder à mes vœux.

ANGÉLIQUE. — Ah! Cléante, ne parlons plus de rien. Laissons là toutes les pensées du mariage. Après la perte de mon père, je ne veux plus être du monde, et j'y renonce pour jamais. Oui, mon père, si j'ai résisté tantôt à vos volontés, je veux suivre du moins une de vos intentions, et réparer par là le chagrin que je m'accuse de vous avoir donné. (*Se jetant à ses genoux.*) Souffrez, mon père, que je vous en donne ici ma parole, et que je vous embrasse pour vous témoigner mon ressentiment.

ARGAN *embrassant Angélique.* — Ah! ma fille!

ANGÉLIQUE. — Ahi!

ARGAN. — Viens, n'aie point de peur, je ne suis pas mort. Va, tu es mon vrai sang, ma véritable fille, et je suis ravi d'avoir vu ton bon naturel.

SCÈNE XXII.

ARGAN, BÉRALDE, ANGÉLIQUE, CLÉANTE, TOINETTE.

ANGÉLIQUE. — Ah! quelle surprise agréable! Mon père, puisque, par un bonheur extrême, le ciel vous redonne à mes vœux, souffrez qu'ici je me jette à vos pieds pour vous supplier d'une chose. Si vous n'êtes pas favorable au penchant de mon cœur, si vous me refusez Cléante pour époux, je vous conjure au moins de ne me point forcer d'en épouser un autre. C'est toute la grâce que je vous demande.

CLÉANTE *se jetant aux genoux d'Argan.* — Hé! monsieur, laissez-vous toucher à ses prières et aux miennes, et ne vous montrez point contraire aux mutuels empressements d'une si belle inclination.

BÉRALDE. — Mon frère, pouvez-vous tenir là contre?

TOINETTE. — Monsieur, serez-vous insensible à tant d'amour?

ARGAN. — Qu'il se fasse médecin, je consens au mariage. Oui (*à Cléante*), faites-vous médecin, je vous donne ma fille.

CLÉANTE. — Très-volontiers, monsieur. S'il ne tient qu'à cela pour être votre gendre, je me ferai médecin, apothicaire même, si vous voulez. Ce n'est pas une affaire que cela, et je me ferais bien d'autres choses pour obtenir la belle Angélique.

BÉRALDE. — Mais, mon frère, il me vient une pensée : faites-vous médecin vous-même. La commodité sera encore plus grande d'avoir en vous tout ce qu'il vous faut.

TOINETTE. — Cela est vrai. Voilà le vrai moyen de vous guérir bientôt; et il n'y a point de maladie si osée que de se jouer à la personne d'un médecin.

ARGAN. — Je pense, mon frère, que vous vous moquez de moi. Est-ce que je suis en âge d'étudier?

BÉRALDE. — Bon, étudier! vous êtes assez savant; et il y en a beaucoup parmi eux qui ne sont pas plus habiles que vous.

ARGAN. — Mais il faut savoir bien parler latin, connaître les maladies et les remèdes qu'il y faut faire.

BÉRALDE. — En recevant la robe et le bonnet de médecin, vous apprendrez tout cela; et vous serez après plus habile que vous ne voudrez.

ARGAN. — Quoi! l'on sait discourir sur les maladies quand on a cet habit-là?

BÉRALDE. — Oui. L'on n'a qu'à parler avec une robe et un bonnet, tout galimatias devient savant, et toute sottise devient raison.

TOINETTE. — Tenez, monsieur, quand il n'y aurait que votre barbe, c'est déjà beaucoup; et la barbe fait plus de la moitié d'un médecin.

CLÉANTE. — En tout cas, je suis prêt à tout.

BÉRALDE *à Argan.* — Voulez-vous que l'affaire se fasse tout à l'heure?

ARGAN. — Comment! tout à l'heure?

BÉRALDE. — Oui, et dans votre maison.

ARGAN. — Dans ma maison?

BÉRALDE. — Oui. Je connais une faculté de mes amies qui viendra tout à l'heure en faire la cérémonie dans votre salle. Cela ne vous coûtera rien.

ARGAN. — Mais, moi, que dire? que répondre?

BÉRALDE. — On vous instruira en deux mots, et l'on vous donnera par écrit ce que vous devez dire. Allez-vous-en vous mettre en habit décent. Je vais les envoyer querir.

ARGAN. — Allons, voyons cela.

SCÈNE XXIII.

BÉRALDE, ANGÉLIQUE, CLÉANTE, TOINETTE.

CLÉANTE. — Que voulez-vous dire? et qu'entendez-vous avec cette faculté de vos amies?

TOINETTE. — Quel est donc votre dessein?

BÉRALDE. — De nous divertir un peu ce soir. Les comédiens ont fait un petit intermède de la réception d'un médecin, avec des danses et de la musique; je veux que nous en prenions ensemble le divertissement, et que mon frère y fasse le premier personnage.

ANGÉLIQUE. — Mais, mon oncle, il me semble que vous vous jouez un peu beaucoup de mon père.

BÉRALDE. — Mais, ma nièce, ce n'est pas tant le jouer que s'accommoder à ses fantaisies. Tout ceci n'est qu'entre nous. Nous y pouvons aussi prendre chacun un personnage, et nous donner ainsi la comédie les uns aux autres. Le carnaval autorise cela. Allons vite préparer toutes choses.

CLÉANTE *à Angélique.* — Y consentez-vous?

ANGÉLIQUE. — Oui, puisque mon oncle nous conduit.

TROISIÈME INTERMÈDE.

PREMIÈRE ENTRÉE DE BALLET.

Des tapissiers viennent, en dansant, préparer la salle et placer les bancs en cadence.

DEUXIÈME ENTRÉE DE BALLET.

Marche de la Faculté de médecine au son des instruments.

Les porte-seringues, représentant les massiers, entrent les premiers. Après eux viennent, deux à deux, les apothicaires avec des mortiers, les chirurgiens et les docteurs, qui vont se placer aux deux côtés du théâtre. Le président monte dans une chaire qui est au milieu; et Argan, qui doit être reçu docteur, se place dans une chaire plus petite, qui est au-devant de celle du président.

LE PRÉSIDENT. Savantissimi doctores
Medicinæ professores,
Qui hîc assemblati estis,
Et vos altri messiores,
Sententiarum facultatis
Fideles executores,
Chirurgiani et apothicari,
Atque tota compania aussi,
Salus, honor, et argentum,
Atque bonum appetitum.

Non possum, docti confreri,
En moi satis admirari
Qualis bona inventio
Est medici professio,
Quàm bella chosa est et bene trovata
Medicina illa benedicta,
Quæ, suo nomine solo,
Surprenanti miraculo,
Depuis si longo tempore,
Facit a gogo vivere
Tant de gens omni genere.

Per totam terram videmus
Grandam vogam ubi sumus,
Et quòd grandes et petiti
Sunt de nobis infatuti.
Totus mundus, currens ad nostros remedios,
Nos regardat sicut deos,
Et nostris ordonnanciis
Principes et reges soumissos videtis.

Donceque il est nostræ sapientiæ,
Boni sensûs atque prudentiæ,
De fortement travaillare
A nos bene conservare
In tali credito, voga et honore,
Et prendere gardam a non recevere
In nostro docto corpore
Quàm personas capabiles,
Et totas dignas remplire
Has plaças honorabiles.

C'est pour cela que nunc convocati estis,
Et credo quòd trovabitis
Dignam matieram medici
In savanti homine que voici;
Lequel in chosis omnibus
Dono ad interrogandum,
Et à fond examinandum
Vestris capacitatibus.

PREMIER DOCTEUR. Si mihi licentiam dat dominus præses,
Et tanti docti doctores,
Et assistantes illustres,
Très savanti bacheliero
Quem estimo et honoro
Domandabo causam et rationem quare
Opium facit dormire.

ARGAN. Mihi a docto doctore
Domandatur causam et rationem quare
Opium facit dormire.
A quoi respondeo,
Quia est in eo
Virtus dormitiva,
Cujus est natura
Sensus assoupire.

CHOEUR. Bene, bene, bene, bene respondere!
Dignus, dignus est intrare
In nostro docto corpore.
Bene, bene respondere!

SECOND DOCTEUR. Cum permissione domini præsidis,
Doctissimæ facultatis,
Et totius his nostris actis
Companiæ assistantis,
Domandabo tibi, docte bacheliere,
Quæ sunt remedia
Quæ in maladia
Dite hydropisia
Convenit facere.

ARGAN. Clysterium donare,
Postea seignare,
Ensuita purgare.

CHOEUR. Bene, bene, bene, bene respondere!
Dignus, dignus est intrare
In nostro docto corpore.

TROISIÈME DOCTEUR. Si bonum semblatur domino præsidi,
Doctissimæ facultati,
Et companiæ præsenti,
Domandabo tibi, docte bacheliere,
Quæ remedia eticis,
Pulmonicis atque asmaticis,
Trovas à propos facere.

ARGAN. Clysterium donare,
Postea seignare,
Ensuita purgare.

CHOEUR. Bene, bene, bene, bene respondere!
Dignus, dignus est intrare
In nostro docto corpore.

QUATRIÈME DOCTEUR. Super illas maladias
Doctus bachelierus dixit maravillas;
Mais si non ennuyo dominum præsidem,
Doctissimam facultatem,
Et totam honorabilem
Companiam ecoutantem,
Faciam illi unam quæstionem.
Dès hiero maladus unus
Tombavit in meas manus;
Habet grandem fievram cum redoublamentis,
Grandam dolorem capitis
Et grandum malum au côté,
Cum granda difficultate
Et pena à respirare.
Veillas mihi dire,
Docte bacheliere,
Quid illi facere?

ARGAN. Clysterium donare,
Postea seignare,
Ensuita purgare.

CINQUIÈME DOCTEUR. Mais si maladia
Opiniatria
Non vult se garire,
Quid illi facere?

ARGAN. Clysterium donare,
Postea seignare,
Ensuita purgare;
Reseignare, repurgare, et reclysterisare.

CHOEUR. Bene, bene, bene, bene respondere!
Dignus, dignus est intrare
In nostro docto corpore.

LE PRÉSIDENT *à Argan.* Juras gardare statuta
Per facultatem præscripta
Cun sensu et jugeamento?

ARGAN. Juro.

LE PRÉSIDENT. Essere in omnibus
Consultationibus
Ancieni aviso,
Aut bono,
Aut mauvaiso?

ARGAN. Juro.

LE PRÉSIDENT. De non jamais te servire
De remediis aucunis
Quàm de ceux seulement doctæ facultatis,
Maladus dût il crevare
Et mori de suo malo?

ARGAN. Juro.

LE PRÉSIDENT. Ego, cum isto boneto
Venerabili et docto,
Dono tibi et concedo
Virtutem et puissanciam
Medicandi,
Purgandi,
Seignandi,
Perçandi,
Taillandi,
Coupandi,

Et occidendi,
Impune per totam terram.

TROISIÈME ENTRÉE DE BALLET.

Les chirurgiens et les apothicaires viennent faire la révérence en cadence à Argan.

ARGAN. Grandes doctores doctrinæ,
De la rhubarbe et du séné,
Ce serait sans douta à moi chosa folla
Inepta et ridicula,
Si j'alloibam m'engageare
Vobis louangeas donare,

ACTE III, SCÈNE IV.

ARGAN. — Prendre ce petit lavement-là, ce sera bientôt fait.

Et entreprenoibam adjoutare
Des lumieras au soleilo,
Et des étoilas au cielo,
Des ondas à l'oceano,
Et des rosas au printano.
Agreate qu'avec uno moto
Pro toto remercimento
Randam gratiam corpori tam docto.
Vobis, vobis debeo
Bien plus qu'à naturæ et qu'à patri meo :
Natura et pater meus
Hominem me habent factum;
Mais vos me, ce qui est bien plus,
Avetis factum medicum :
Honor, favor, et gratia,
Qui in hoc corde que voilà
Imprimant ressentimenta
Qui dureront in secula.

CHOEUR. Vivat, vivat, vivat, vivat, cent fois vivat,
Novus doctor qui tam bene parlat!
Mille, mille annis, et manget, et bibat,
Et seignet, et tuat!

QUATRIÈME ENTRÉE DE BALLET.

Tous les chirurgiens et les apothicaires dansent au son des instruments et des voix et des battements de mains et des mortiers d'apothicaire.

PREMIER CHIRURGIEN. Puisse-t-il voir doctas
Suas ordonnancias
Omnium chirurgorum
Et apothicarum
Remplire boutiquas!

CHOEUR. Vivat, vivat, vivat, vivat, cent fois vivat,
Novus doctor qui tam bene parlat!
Mille, mille annis, et manget, et bibat,
Et seignet, et tuat!

SECOND CHIRURGIEN. Puissent toti anni
Lui essere boni
Et favorabiles,
Et n'habere jamais
Quàm pestas, verolas,
Fievras, pleuresias,
Fluxus de sang et dyssenterias!

ACTE III, SCÈNE VI.

M. PURGON. — Mépriser mon clystère !

ARGAN. — Faites-le venir, je m'en vais le prendre.

CHOEUR. Vivat, vivat, vivat, vivat, cent fois vivat,
Novus doctor qui tam bene parlat!
Mille, mille annis, et manget, et bibat,
Et seignet, et tuat!

CINQUIÈME ET DERNIÈRE ENTRÉE DE BALLET.

Pendant que le dernier chœur se chante, les médecins, les chirurgiens et les apothicaires sortent tous selon leur rang en cérémonie, comme ils sont entrés.

FIN DU MALADE IMAGINAIRE.

PARIS. — IMPRIMERIE DE WALDER, RUE BONAPARTE, 44.

www.ingramcontent.com/pod-product-compliance
Ingram Content Group UK Ltd.
Pitfield, Milton Keynes, MK11 3LW, UK
UKHW032039260826
14628UKWH00007B/3059

9 782019 164379